选择权与拥有权对评价偏差的影响

基于行为科学与认知神经科学的证据

尚哲 著

科学技术文献出版社
SCIENTIFIC AND TECHNICAL DOCUMENTATION PRESS

·北京·

图书在版编目（CIP）数据

选择权与拥有权对评价偏差的影响：基于行为科学与认知神经科学的证据 / 尚哲著. —北京：科学技术文献出版社，2023.11
ISBN 978-7-5235-1093-3

Ⅰ.①选⋯　Ⅱ.①尚⋯　Ⅲ.①管理心理学　Ⅳ.① C93–051

中国国家版本馆 CIP 数据核字（2023）第 235944 号

选择权与拥有权对评价偏差的影响 基于行为科学与认知神经科学的证据

策划编辑：郝迎聪　　责任编辑：王　培　　责任校对：王瑞瑞　　责任出版：张志平

出　版　者　科学技术文献出版社
地　　　址　北京市复兴路15号　邮编　100038
出　版　部　（010）58882941，58882087（传真）
发　行　部　（010）58882868，58882870（传真）
官 方 网 址　www.stdp.com.cn
发　行　者　科学技术文献出版社发行　全国各地新华书店经销
印　刷　者　北京厚诚则铭印刷科技有限公司
版　　　次　2023 年 11 月第 1 版　2023 年 11 月第 1 次印刷
开　　　本　710×1000　1/16
字　　　数　161千
印　　　张　11.25　彩插6面
书　　　号　ISBN 978-7-5235-1093-3
定　　　价　45.00元

序　言

　　白驹过隙，岁月匆匆。人的一生短暂又漫长，从单纯懵懂到成熟稳重，我们对事物的认知和判断会经历从简单的非黑即白到多元化视角的理解与剖析。在这个过程中，人们对物品、自身、他人、组织等各类形式样貌的客体的评价并不总是客观的，会受到很多因素的影响。"一千个读者心中有一千个哈姆雷特"，不同的个体对同一事物的判断和评价差异，形成了多种评价偏差。如何看待世界，便生活在怎样的世界里。我们每个人对世间万物的认识和理解，都会掺杂个体化的多元因素，从而会蒙上不同色彩的薄雾来看待周围的世界。

　　其中，人与事物之间的关系又可简单分为是否是我拥有的与是否是我可以选择的。例如，当我为好朋友做决策的时候，若决策的结果正确，我会为朋友高兴，也会为自己的决策感到骄傲。甚至，有时候会比为自己做决策还骄傲。成功为他人做决策与成功为自己做决策虽然都是客观上相同的结果，但心理感受不同。再如，若好朋友为我做了错误的决策，我会感到遗憾但不一定会埋怨和责备，因为会考虑到对方的助人动机并为对方给出合理化的解释。而若我为自己做了错误的决策，会感到懊恼、后悔甚至自责。此时，他人为我做决策和我为自己做决策虽然都是同样的客观结果，但心理感受有差别。这里，若将人们做决策和需要承担的决策结果分为自己与他人两种情况，便出现是否我拥有该结果、是否我有决策权这两种描述人和事物之间的关系的情况。进一步可将这两种关系归纳为"人与事物"之间是由"我还是他人拥有"、由"我还是他人选择"这两个维度，并能够采用心理学的实验范式进行多层次的探索。心理学研究真的太吸引人了，能帮助我探索、理解和验证人类世界运行的规律。

　　本书基于我在西南大学本科期间受到非理性决策的启蒙，和在北京大学读博期间对于上述两种关系维度如何影响评价偏差的作用效果、中介机制与边界条件等进行了一系列的研究。本书聚焦于人们对理财行为的结果好坏（收益和损失）在选择权（决策者是自己还是他人）和拥有权（投资权是自己还是他人）两两组合的条件之间的评价差异。而后在北京师范大学工作期间，采用更多的数据处理方法对结果进行进一步梳理，并对研究的应用场景展开新的思考。用心理学的理论知识和方法研究在组织管理情景、行为金融情景中的人们的行为及其背后的规律，不仅让人感到学术研究带来的探索未知的乐趣，还有为实践应用提供一点助力的价值感。

附上在刚开始做本书中的研究时写的一首小词，科研探索有迷茫更有乐趣，道路会曲折，但甜更多。

沁园春·秋

窗前银杏，几度寒秋，几度斜阳。

念金谷铜驼，终成往事；

青袍白马，意在何求。

雨打芭蕉，夜落微凉；

春花秋草，亦作诗行。

日晚未名湖边，寒鸦飞尽，留得清晖共影长。

博雅塔的疏影里，起声声琴音，最断人肠。

人间别是迷茫，恐明日秋来满地霜。

叹一树银杏，有露有藏；千花连理，落尽芬芳。

隔空喊话，一朝燕园，七里迎风不减香。

人去也，唯月明如昨，不抑不扬。

前　言

在管理学研究和应用场景中，"评价"是重要的一个环节。客体评价往往受到评价者与被评价对象之间关系（人与物的关系）、评价者之间关系（人与人之间的关系）的影响。自我对他人、他物、行为、事件的评价，以及他人对自己的评价或者基于社会共识的自我评价等，对于自我行为管理（如决策）、组织管理与公共管理都有重要的影响。"评价偏差"是人们在对他人或事物进行评价时，由于个人主观经验、认知偏差或情感因素的影响，导致评价不客观或不准确的现象。评价偏差的产生机制及应对措施的研究具有心理学、管理学与神经科学等不同学科的内涵和价值。

经济与管理活动中复杂（多种因素）却又真实（生态效度）的场景很难被模拟出来。本书主要考察选择权（自己选择或他人选择）、拥有权（自己拥有或他人拥有）这两个因素独立地、交互地作用于被评价客体的评价偏差。虽然前人对这两个因素在一般物品评价（如杯子等价值固定的小商品）中的作用机制有所探索，但对其在复杂的金融理财场景与组织管理场景的心理社会意义及神经表达证据有待深入研究。

本书从管理心理学视角出发，通过6个研究，系统探索了评价偏差在行为金融学的金融理财场景中，评价偏差的发生机制、影响因素等问题。

全书共计四篇、十章内容。第一篇介绍评价偏差的现象、类型及常见的场景。第二、第三篇探索选择权与拥有权如何独立地、交互地作用于金融理财行为中股票涨跌时的评价。对金融背景下较为频繁、受众人群较多的理财行为进行分析，巧妙地从心理学的角度剖析，创新性地采用选择权与拥有权的两两组合表征4种理财角色，即"为自己理财（个人股民）""为他人理财（基金经理）""委托他人理财（客户）""观望他人理财"。第四篇对前文进行了总结。采用行为实验、启动实验、事件相关电位（Event-related Potential，ERP 脑电研究），以及机器学习建模等多种研究方法，通过 6 个系列研究，考察股票涨跌时的认知评价与社会情绪，探讨个体尽责心与印象管理的作用。

本研究聚焦前沿，针对人类经济活动中的现象与研究问题，采用心理学的研究方法表征复杂的金融行为，将基础学科的方法应用于金融经济领域，对于跨学科研究应用问题是一个积极的尝试，也拓展了客体评价领域的研究问题。

目 录

第一篇　评价偏差现象及心理基础

"评价是一面镜子，它并不总是准确地反映出你真正的价值。"——奥普拉·温弗里（Oprah Winfrey）

"人不可貌相，海水不可斗量。"—— 中国谚语，评价一个人或事物不应仅凭外表或表面现象，而是要通过深入了解和认识作出准确的评价

"真正的价值不在于物品的价格，而在于我们赋予它的意义。"——约瑟夫·巴丁·古尔德（Joseph Badaracco）

"物品的真正价值在于它们对我们的生活带来的功能和快乐，而不仅仅是外在的形式和品牌。"—— 伊万·亨特（Ivan Hunter）

【本篇内容】

· 评价偏差的定义
· 社会互动场景中的评价偏差
· 理财产品的评价偏差
· 评价偏差中的东方文化元素

第一章 评价偏差概述

→ 第一节 评价偏差的定义及类型

评价偏差是指人们在对他人或事物进行评价时，由于个人主观经验、认知偏差或情感因素的影响，导致评价不客观或不准确的现象。评价偏差存在于人们生活和工作的方方面面，根据主体客体之间的关系，可分为两种类型：一是在社会互动的场景中对人的评价；二是对物的评价。在社会互动情景中普遍存在评价偏差，人们在社会互动中对他人想法和行为的主观评价往往偏离他人的实际情况。人们如何评价他人（个人或群体），受到很多因素的影响。首先，先入为主效应。初步印象往往会对后续评价产生较大影响。第一印象可能会使人们在评价时产生倾向，而忽视后续的信息和观察。其次，归因错误。人们在评价他人行为时，常常过分强调个人特质，而忽视外部环境和情景因素。这种归因错误可能导致对他人的评价不准确或片面。再次，保持一致性偏差。人们往往倾向于保持一致性，在评价他人时，会根据自身的观点和立场选择支持自己的观点，并忽视与之相悖的信息。最后，个人的偏好和偏见可能影响对他人或事物的评价。这些偏好和偏见可能基于种族、性别、文化背景、社会经验等因素，导致评价的不客观性。

上述因素若体现在具体的社会互动场景中，则会产生多种效果。如信息表达方低估信息接收方对他们的喜欢程度（Boothby et al., 2018）；故事的讲述者认为听众更喜欢听新奇有趣的故事，但事实上听众更喜欢听自己熟知或具有熟悉感的故事（Cooney et al., 2017）；人们与他人分享自身成就时，低估了他人听后的消极体验（Scopelliti et al., 2015）；人们高估他人与自身态度的一致性（Krueger et al., 1994）；人们高估了他人与高社会地位者交朋友的意愿（Garcia et al., 2019）；受助者低估了施助者听到感谢的积极感受，而高估了他们的尴尬程度（Kumar et al., 2018）。

人们如何评价一件事物，同样也受到很多因素的影响。客体评价偏差是指人们在评价客观事物、产品或情况时所出现的偏差现象。这些偏差可能由个人主观偏见、认知失调、信息不完整或情绪影响等因素引起。人们对他人的评价偏差依赖于被评价者与评价者之间的关系，无独有偶，在客体评价领域，评价者与被评价的事物之间的关系也影响着主观评价，如亲近关系。关系距离越近，评价者越可能受到情感和亲近关系的影响，从而倾向于给予更加积极的评价，出现了"敝帚自珍"的现象，如文化背景。不同的文化价值观和认知习惯可能导致对同一个物品或者信息的评价的差异和偏见。这些关系因素可能会对评价产生影响，使评价更加主观或偏向特定方向。评价者应该意识到这些关系的存在，并尽量保持客观、公正和专业的评价态度。

➔ 第二节　评价偏差常见的场景

评价偏差普遍存在于各种场景。在日益繁荣的经济社会中，人们不可避免地要和钱打交道。钱的存在形式可以多种多样，如作为薪酬、津贴、福利发放给企业员工；作为个人资产，如房产、汽车、债券、基金、股票等理财产品。这些都与我们的经济生活息息相关。我们如何评价一份资产呢？什么因素影响了我们对客观上物理属性相同的损失产生不同的认知评价，诱发不同的情绪感受呢？面对自己拥有的汽车，即使因为使用而陈旧了但依然越看越觉得亲切？面对自己选择的股票，会不会因为自己高瞻远瞩的决策而对股票信心倍增，并给予积极期望，希望股票能够大涨？在经济社会中，我们讲求理性客观的分析和评价，但一些诸如情景、身份等因素已经不可避免地影响着客观理性的评价。经济生活复杂（多种因素）却又真实（生态效度）。在金融理财领域，个体在评价投资决策时可能存在拥有者效应和情绪化决策，导致对投资结果的评价出现偏差。

人处在工作组织中，不可避免地与组织中的领导、同事打交道，会出现管理中的绩效评价偏差等多种偏差。在职场环境中，上级对下属的评价、同事之间的评价及员工对领导的评价都可能存在评价偏差。这可能与权力关系、竞争压力、团队合作等因素有关。

在组织管理领域，评价偏差经常出现在招聘面试环节中。面试者在评价自己的能力、外貌、成就等方面时，可能存在自我评价偏差。他们可能倾向于过高或过低估计自己的表现，受到自我认知和自尊心的影响。当个体评价他人时，可能会受到各种因素的影响，如社会关系、情感、先入为主的印象等，导致评价结果出现偏差。在招聘面试中，面试官在评估候选人时可能受到个人偏见或主观因素的影响，从而导致评价结果与候选人实际能力或潜力不一致。

有多种常见的导致评价偏差的因素。①先入为主偏见：面试官可能根据候选人的外貌、性别、种族、年龄等因素，形成先入为主的印象，并将这些因素纳入评估标准中，而忽视了候选人的真正能力。②相似性偏见：面试官可能更喜欢与自己在兴趣、背景或人格特点上相似的候选人，因为这种相似性使得他们更容易与候选人建立共鸣，而忽略了其他潜在有才能的候选人。③印象偏见：面试官可能对某个特定特质或行为过于关注，从而过度侧重于评估该特质，而忽略了其他重要的能力和素质。④锚定效应：面试官可能在面试过程中受到先前收集到的关于候选人信息或第一印象的影响，从而在评估中出现偏差。⑤团队偏见：在多人面试中，面试官之间可能存在团队偏见，其中一个面试官的观点或意见可能影响其他面试官的评估。⑥个人喜好偏见：面试官可能对某种类型的候选人有偏好，例如，他们可能更倾向于聘用母语是他们所说语言的候选人。

目前，很多人力资源管理领域的实践采用了为面试官提供培训，教导他们如何避免评价偏差和主观臆断，以客观的标准评估候选人。因此，应制定明确的评估标准。在面试过程中，制定明确的评估标准和指导方针，能够确保所有面试官根据相同的标准进行评估。如匿名评估，在初步筛选和面试过程中，采用匿名评估方式，避免面试官被候选人的个人信息所干扰；多面试官评估，采用多个面试官对每个候选人进行评估，通过不同视角的综合评价来降低偏差评价。

不同文化背景下，对于同一事物的评价可能存在差异，这可能与文化价值观、社会习惯等因素有关。在东方文化中，有一些元素与评价偏差相关。①谦虚和自谦：东方文化中强调谦虚和自谦的价值观，这可能导致个体在评价自己的能力或成就时偏向于保持谦逊态度，倾向于低估自己的表现，产生谦虚偏差。②社会关系和面子：东方文化注重社会关系和面子的概念，个体可能会考虑到他人的看法和社会评价，因此在评价自己或他人时可能会存在一定程度的偏差，以维护面子和社会形象。③集体主义价值观：东方文化中普遍存在集体主义价值观，强调个体与社会集体的关系。这可能导致个体在评价自己时更加谨慎，倾向于弱化个人成就，强调集体贡献，从而产生评价偏差。④尊重权威和长辈：东方文化中对权威和长辈的尊重是重要的价值观。这可能导致个体在评价权威人士或长辈时存在一定的偏差，倾向于过分肯定或回避批评。

这些东方文化元素在评价偏差中起到一定的影响，使个体在自我评价或他人评价时表现出谦虚、保持面子、强调集体和尊重权威的倾向。这些文化元素的存在可能对个体的评价行为和认知产生一定的影响。然而，需要注意的是，这只是一般性描述，不同个体在不同情景下仍可能表现出差异。总体而言，评价偏差是一种普遍存在且复杂多样的心理现象，在生活的方方面面都可能出现。了解评价偏差的存在及其可能影响的场景，有助于个体更加客观地进行评价和决策。

◉ 第三节 研究总体设计

本书巧妙地将金融活动中复杂的理财问题，简化为管理心理学可以研究的问题。本书通过 6 个系列研究的问卷调研、行为反应实验、脑电实验，以及机器学习大数据分析，系统地描绘了选择权与拥有权如何独立地、交互地作用于金融理财结果评价（股票涨跌）偏差。关注了理财场景中的评价偏差现象、影响因素、边界条件及中介机制。

本书将心理学的理论和研究范式、认知神经科学的研究方法应用于复杂的经济活动中的理财行为活动。我们巧妙地从选择权（是自己还是他人）与拥有权（是自己还是他人）两两组合的分析框架出发，通过聚焦于多领域中对客体的"评价偏差"这一现象，以管窥豹，用管理心理学的视角助推管理应用场景的问题，回答、理解、呼应和解决经济行为中的评价问题、组织管理中的冲突问题，力求将研究成果写在祖国大地上，讲好中国故事。

本书对人类经济活动、管理活动中的现象与研究问题，从心理学、认知神经科学的基础学科视角研究复杂的金融行为，对于跨学科研究应用问题是一个积极的尝试。

本书分为四篇，十章。第一篇（第一章、第二章）介绍了评价偏差的定义、类型、应用场景及东方文化元素，并总结了该现象的心理学理论。第二篇（第三～六章）到第三篇（第七～九章），探索了选择权和拥有权组合而成的理财角色身份对结果评价偏差的影响及心理机制。通过研究 1～6 系统考察了理财关系中的选择权和拥有权对股票结果评价的影响及其心理机制，解释了尽责心、印象管理水平、自利在其中的作用。第四篇（第十章）进行了通篇总结。

本书采用选择权与拥有权的两两组合来表征 4 种理财角色身份：为自己理财（"我选我有"，如个人股民）、为他人理财（"我选他有"，如基金经理）、委托他人理财（"他选我有"，如客户）、观望他人理财（"他选他有"，如旁观者）。客体评价往往受到评价者与被评价对象之间关系（人与物）、评价者之间关系（人与人）的影响。上述 4 种理财角色身份描绘了投资者或者决策者与股票之间的关系。

本书由 6 个研究组成，首次采用选择权与拥有权的组合来表征金融活动中多种人与人之间的理财关系，采用多角色扮演和同期动态反馈的实验范式，通过行为反应实验（研究一）、脑电实验（事件相关电位技术测量脑神经活动，研究二、研究六）、机器学习建模（研究三）、问卷测量（研究四）、双启动行为实验（研究五）系统考察了理财关系中，选择权和拥有权对股票结果评价的影响、心理机制及其神经活动模式，解释了尽责心、印象管理在其中的作用。如图 1-1 所示。

第三章介绍研究思路（金融理财决策中的评价偏差及分析框架），第四章（选择权与拥有权对股票结果评价的作用——认知层面）介绍研究一（$n=62$）发现的拥有权和选择权的主效应：与他人拥有的股票涨跌结果相比，个体对自己拥有的股票涨跌结果反应更快，呈现拥有者效应。与他人选择的股票涨跌结果相比，对自己选择的反应更快，也出现了选择者效应。交互作用分析，发现拥有者效应作用强于选择者效应。

第五章（股票结果认知评价的神经证据——事件相关电位研究）介绍了研究二。研究二 a（$n=22$）采用脑电实验（事件相关电位技术，Event-related Potential，ERP）研究理财角色身份对结果评价影响的脑电波证据，发现：①个体对"为他人选股票"（"我选他有"）比"为自己选股票"（"我选我有"）结果更敏感（诱发更大的 d-FRN，d-FRN 是股票下降的 FRN 波减去上涨的 FRN 波）、更关注，我们称之为"基于自我选择的逆拥有者效应"。尽责心得分高的个体该效应也更强。②个体对"委托他人选股票"（"他选我有"）比"观望他人选股票"（"他选他有"）的股票结果更加敏感（诱发更大的 d-FRN），呈现了拥有者效应。③"为自己选股票"（"我选我有"）与"委托他人选股票"（"他选我有"）诱发的 d-FRN 没有显著差异，表明只要是自己出资的股票，无论是不是自己选择的，都很关注。这表明结果评价的选择者效应消失。④个体对"为他人选股票"（"我选他有"）、"观望他人选股票"（"他选他有"）更加敏感（诱发更大的 d-FRN），当股票均由他人出资时，出现了选择者效应。⑤单独分析股票下跌诱发的 FRN 波，出现上述一致的结果；而股票上涨诱发的 FRN 波上均无显著差异。这表明结果评价的 d-FRN 差异波的效应，主要受到股票下跌的影响。研究二 b（$n=26$）在控制被试的理财经验后，仍出现研究二 a 的结果。研究二从神经层面发现的"基于自我选择的逆拥有者效应"，反映了个体对"为他人理财"的结果比对"为自己理财"更敏感，后续的研究五探讨了该效应的心理机制。

第六章（基于机器学习的股票结果差异探究）介绍了研究三，参照机器学习的方法应用于 fMRI 数据的研究（Wager et al.，2013），采用机器学习的方式分析 ERP 脑电数据。将研究二 b 的 26 名被试结果作为训练集，研究二 a 的 22 名被试结果作为测试集。使用 Lasso 法进行训练，建立分类模型，并进行预测。结果发现"我选我有"与"我选他有"、"他选我有"与"他选他有"、"我选他有"与"他选他有"，这 3 个机器学习分类模型预测效果较好，具有主要区分能力的特征电极点是 Fz。而"我选我有"与"他选我有"的分类模型预测效果较差。机器学习模型得出了研究二类似的发现，提供了认知神经层面的区分指标。

第七章（"为自己理财"与"为他人理财"在情绪感受方面的差异）介绍研究四（$n=88$）发现的"基于自我选择的逆拥有者效应"的情绪层面表现：只要是自己的选择，无论是自己或他人拥有的股票上涨时都同样开心；为他人选择的股票下跌时比为自己选择的股票下跌时更难过。研究发现了在情绪感受层面的"基于自我选择的逆拥有者效应"，主要体现在负性情绪层面。在正性情绪体验层面，不存在"基于选择的逆拥有者效应"。在负性情绪体验层面，存在"基于选择的逆拥有者效应"。个体对为他人理财结果损失比为自己理财结果损失有更多的负性情绪。

第八章（"为自己理财"与"为他人理财"评价差异：尽责心、印象管理的中介作用）介绍研究五，通过两个实验探讨"基于自我选择的逆拥有者效应"心理机制。实验一（$n=88$）发现"为他人理财"损失诱发的负性情绪，受到"为他人负责"和"自己的印象管理"这两个因素的作用，"尽责心"作用大于"印象管理"。实验二（$n=116$）通过启动实验发现两者的交互作用，人们在理财决策中的"利他行为"主要出于尽责心，印象管理仅在高尽责心水平群体中发挥作用，起到了增益作用，在低尽责心群体中不发挥作用。这解释了"基于自我选择的逆拥有者效应"机制，揭示了尽责心在金融活动中的心理社会意义。

第九章（股票涨跌与股票幅度对"观望他人理财"结果评价的作用）介绍研究六（$n=20$）发现了涨跌幅度的调节作用。个体对他人股票小幅度下跌是冷漠反应，大幅度下跌是幸灾乐祸。这一结果给出了金融活动中幸灾乐祸情绪发生作用的可操作度量的边界条件，揭示了某些情况下人性恶的一面（幸灾乐祸），有助于理解社会神经金融学领域理财背景下的幸灾乐祸效应。

关注度（研究一）

结果评价（FRN）（研究二）

机器学习（研究三）

关注度（研究一）

结果评价（FRN）
（研究二）

机器学习（研究三）

逆拥有者效应

"我选我有"
（为自己理财）

"他选我有"
（委托他人理财）

"我选他有"
（为他人理财）

"他选他有"
（观望他人理财）

关注度（研究一）

结果评价（FRN）
（研究二）

机器学习（研究三）

影响
因素

结果效价（涨跌）对认知
评价的影响（FRN波）
（研究二a、研究二b）

结果效价（涨跌）对情绪
感受的影响（FRN波）
（研究四）

关注度（研究一）

结果评价（FRN）
（研究二）

机器学习（研究三）

结果效价（涨跌）与幅度
（大小）对"他选他有"结果
评价（FRN）的影响
（研究六）

心理机制
（研究五）

尽责心

印象管理水平

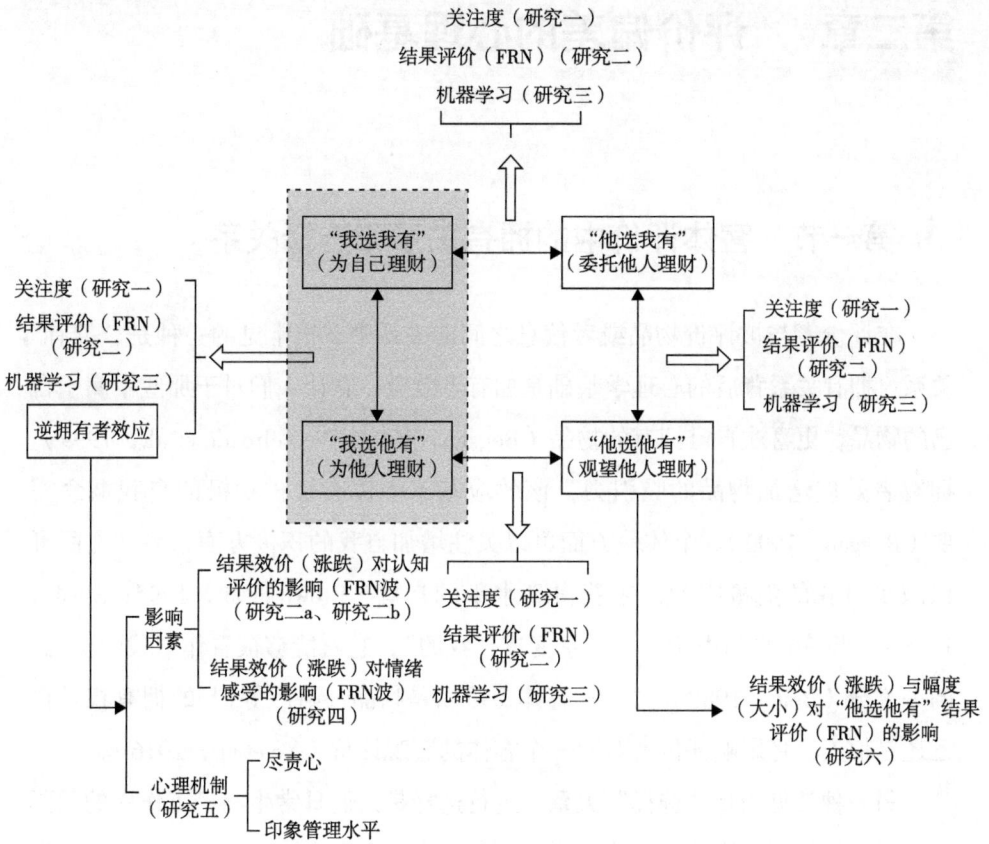

图 1-1　研究框架

第二章 / 评价偏差的心理基础

➔ 第一节　客体评价中的拥有关系和选择关系

在评价者与被评价物品或者信息之间的关系中，很常见的一种是"拥有"关系。拥有关系背后的心理学基础是拥有者效应，它让人们对于那些不属于自己的物品，更喜欢自己拥有的物品（Beggan，1992；Nesselroade et al.，1999）。拥有者效应增加物品的吸引力，该效应基于个体有维护积极的自我概念需要（Beggan，1992）。个体一方面可以关注增加自我的积极方面，另一方面可以减少自我的消极方面，来获得高水平的自尊（Brown et al.，1995；Steele，1988）。当一个物品由于拥有关系变成"我的"，它就能够被看作"我的概念"的一部分（Belk，1988）。"人—客体（可以是物品、财产等）"的拥有权是自己还是他人，将影响评价者对同一个客体的客观评价（Ye et al.，2016）。

另一种常见的是"选择"关系。进行选择是人们日常生活、工作中的重要内容，选择体现着决策者的价值观、判断力和个人意志。一般而言，人们会根据自身对于物品的偏好来决定自己的选择，换言之，偏好影响人们的选择，而选择反映了人们的偏好。选择者效应则意味着一种反向的作用，即选择会进一步影响后续的偏好。在仅仅被告知自己的选择是什么，或仅仅是虚拟的选择情景，甚至连选择行为都没有实际发生过，个体还会增加对自己选择的选项的喜好，被称之为选择者效应（Huang，2009）。以往的研究提出了多种可能的解释，其中比较重要的理论有两种：认知失调理论（Festinger，1957）和自我提升理论（Shrauger，1975）。前者认为，人们会有追求言行一致的倾向，既然作出了相关的选择，人们就会有意识地改变自己的态度，从而达到言行一致的状态。后者则认为，选择者效应是一种自利偏见的反映：人们总是认为自己的东西就是好的，自己选择的物品比自己拒绝的或他人选择的物品更好。"人—客体（可以是物品、财产等）"的选择权是自己还是他人，也影响评价者对同一个客体的客观评价。

以往拥有者效应、选择者效应的研究大多关注并局限于具有固定价值属性的物品，且价值效价为正。如研究人们对所购买或者所选择的食物、马克杯等小商品的态度（Gineikiene et al.，2017）。而这类研究中的效应可能不能满足在现代社会生活中许多纷繁复杂的客体种类。如对于一些特殊的物品，如股票，它们的价值效价有涨有跌，具有价值波动性、价值变化的不可预测性。一般小商品与理财产品特点总结见表 2-1。

表 2-1　评价对象及其特点

研究对象	价值效价	对象价值波动性
一般小商品	正效价	固定价值属性
理财产品（如股票、基金等）	正负效价：锚定于投资金额的产品结果损益	可变价值属性（价格变化）

以往研究较少关注选择权和拥有权的交互作用在客体评价方面的影响。在现实生活中，人与客体之间的关系是多样化的、复杂的，选择权和拥有权常常以各种形式伴随出现。研究两者的交互作用，更具有生态效度。少量的前人研究发现，在对一般小商品喜好的评价中，选择者效应强于拥有者效应，也就是说，人们对于都是自己所拥有的小商品，比起那些他人给自己选择的，更喜欢自己给自己选择的商品（Huang et al.，2009）。

一般小商品由于其稳定的客观价值，人们对它们的评价偏差主要受以下一些因素的影响。第一，产品认知和偏好。研究可能探讨个体对食物、马克杯等小商品的认知程度，以及他们对这些产品的喜好和偏好。这可能涉及产品的外观、功能、品质、品牌等方面。第二，消费者情感和态度。研究可能调查个体对所购买或选择的产品的情感和态度，包括满意度、喜好度、情感投入等。这些情感和态度可能与产品的功能性和情感性特征相关。第三，品牌和营销影响。研究可能考察品牌对个体对产品态度和行为的影响。品牌形象、品牌声誉、品牌信任等因素可能产生影响。通过了解人们对小商品的态度和行为，可以更好地满足消费者需求，提升产品的市场竞争力。这些研究可以为了解个体对小商品的态度和消费行为提供洞察，对品牌管理和市场营销策略的制定有一定的指导意义。

但是，相对于固定价值属性的一般小商品，股票是一种特殊资产，其价值波动性和价值变化的不可预测性是其最显著的特点之一。股票具有价值波动性、风险与收益并存、投资者个体的情绪因素、投资的长期还是短期等突出特点。第一，价值波动性。股票的价格会不断波动，这是由市场供求关系、公司业绩、宏观经济状况等多种因素共同影响的结果。这种波动性使得股票的价值在短期内可能会大幅上涨或下跌。第二，不可预测性。股票市场的运行受到众多因素的影响，包括政治、经济、社会和自然因素等。这些因素的复杂性和不确定性导致了股票价值的变化难以预测。第三，风险与收益并存。股票投资存在较高的风险，因为价格波动可能导致投资者的损失。然而，由于股票市场的潜在回报相对较高，吸引了许多投资者参与。第四，投资者情绪。股票市场容易受到投资者情绪的影响，如恐惧、贪婪等情绪可能导致市场的过度买入或抛售，进一步加大了价格波动性。第五，投资时间。尽管股票在短期内可能表现不稳定，但长期来看，优质公司的股票通常具有较强的增值潜力，因为它们可能会随着时间的推移实现业绩增长和价值提升。

➔ 第二节　拥有者效应与自我概念

在结果评价中，结果的所有权涉及拥有者效应。拥有者效应是比起那些不属于自己的物品，个体更喜欢自己拥有的物品（Beggan，1992；Nesselroade et al.，1999）。拥有者效应增加物品的吸引力，该效应基于个体有维护积极的自我概念需要（Beggan，1992）。个体一方面可以关注增加自我的积极方面，另一方面可以减少自我的消极方面，来获得高水平的自尊（Brown et al.，1995；Steele，1988）。当一个物品由于拥有关系变成"我的"，它就能够被看作"我的概念"的一部分（Belk，1988）。个体为了提高或者是维护积极的自我概念、自我形象，会更具赞许性地评价自己所拥有的物品（Beggan，1992）。由于

"我拥有"与"物品"之间在外显和内隐水平上的联系（Ye et al., 2016），拥有者效应在企业实践中多有应用。例如，在管理实践中，一项在 airbnb 共享房屋出租的实践研究揭示了拥有者效应在共享经济中促进运营管理的作用（Lee et al., 2019）。

在社会认知偏差研究中，拥有者效应的一个应用是首字母效应。Nuttin 等关于姓名字母偏爱的实验反映了一种积极的自我态度（Nuttin, 1985），人们无意识地会认为自己的名字更具有吸引力，这也是一种能够预测经济市场中消费者对商家品牌偏好的效应（Hodson et al., 2005）。研究者采用字母评价技术发现，姓名的首字母效应比姓名全拼字母效应更显著，也就是说，个体对自己姓名的第一个字母比其姓名中的其余字母有更多的喜爱。因为个人姓名的首字母与"自我概念"的联系比姓名中的其他字母更加密切（Nuttin, 1985）。另有研究采用共同生日技术发现，人们在评价历史上的反面人物时，如果这些人物与实验参与者自己生日相同，人们则会表现出对这些反面人物更为宽容（Finch et al., 1989）。

在经济决策偏差研究中，拥有者效应的一个应用是禀赋效应。禀赋效应（Endowment Effect）是指对于相似的但不属于自己的其他物品，人们更喜欢自己的物品，并倾向于高估所拥有物品的价值（Thaler, 1980）。它类似于日常生活中所说的"敝帚自珍"现象，即相对于同等价值的其他物品，人们不愿卖掉自己拥有的物品。作为一个认知决策偏差概念，禀赋效应最初被西方经济学家所关注。塞勒等（Thaler, 1980；Kahneman et al., 1990）指出，禀赋效应是人们损失厌恶的一个体现，失去原有禀赋的负面影响远高于增加禀赋的积极影响，从而引起了禀赋效应。塞勒的研究发现，面对一种被感染概率为 0.1% 的致死疾病，实验参与者愿接受感染风险所要求的最低补偿数额远高于他们愿用于疾病治疗的支付数额，前者高达后者 50 倍之多（Thaler, 1980）。可见，"出售健康"对人们的影响远大于"获得健康"，从而印证了损失厌恶的存在。塞勒等（Kahneman et al., 1990）引述了十余个针对交易中买方价格支付意愿（Willingness to Pay，WTP）和卖方价格接受意愿（Willingness to Accept，WTA）的实证研究结果，发现 WTA 显著大于 WTP，有悖于传统经济学的结论。在希伯莱因等（Heberlein et al., 1986）的实验中，WTA 与 WTP 之比甚至高达 16.5。个体具有把对自我的积极评价无意识地投射到与自己有关的事物上的倾向（Maslow，1943；Rogers，1951；Taylor et al.，1988）。具体到禀赋效应，个体作为卖家时，将所拥有的物品作为自我的一部分，给予积极评价，赋予更高价值（表现为高价售出）；个体作为买家时，准备购买的物品还没有与自己形成关联，也就是自己还没有拥有该物品，因此该物品不是自我的一部分，个体就对它赋予相对较低的价值（表现为低价买入），因此没有出现拥有者效应的作用（Finch et al., 1989；赵伟华 等，2010）。

拥有者效应体现了自我概念的认同。自我概念有比较广泛的外延，可以是自己的精神、身体、名声、所拥有的物品、所属的组织、家人，等等。现代自我概念是指所有能够称之为"我的"总和。拥有者效应、选择者效应的心理机制是自我提升，人们倾向于积极地看待与自我有关的东西（Brown et al., 1988；Maslow，1943；Rogers，1951；Taylor et al., 1988；Sedikides et al., 1995），通过保持自我概念的积极方面或降低自我概念的消极方面来提升自尊。过高评价与自己有关的人和事物是通过诋毁别人让自己感觉更好（Pelham et al., 2002），或者过高评价自己拥有的物品的价值（Thaler，1980）。

⊙ 第三节　选择者效应与认知失调理论、自我提升动机

对金融活动中的理财行为，除了相对简单直接的"拥有权"这个"人—股票"关系外，还经常会出现决策行为，比如请专业人士为股民挑选的股票。为自己选择的过程是独立的理财行为，为他人选择股票 / 基金的过程就涉及了人际互动问题。选择行为构架上包括了选择的主体——"人"，与客体——"备择选项"；过程上是从备择选项中选出一个选项。选择行为能够带来对所选选项的喜好提升：人们在选择行为发生后，提高所选选项的喜好，同时降低被拒绝选项的喜好（Brehm，1956；Hammock et al., 1966）。对于"选择引发偏好"的第一种理论解释，很多研究采用认知失调理论。人们具有维护认知输入和行为输入的个体内部一致性的动机，维护一致性可以降低失调的感受

（Festinger，1957）。认知失调是如果个体本身对一件物品持有负性的态度（不喜欢），但这件物品是自己选择的，那么在认知输入（我不喜欢这件物品）与行为输出（这件物品是我自己选择的）之间构成冲突（Van Overwalle et al.，2002）。为了削弱冲突感受，当实际的行为发生后，个体需要保持与行为一致的认知，以增加对所选择物品的偏爱（Olson et al.，2005）。然而，认知失调理论似乎只能解释外显的选择行为，对于一些连选择行为都没有发生就导致偏好改变的现象无法解释（因为连行为都没有，就更没有行为与认知不一致的情况）。最近一些实证研究指出，人们都没有意识到自己的选择行为时，选择导致偏好的现象也发生了（Coppin et al.，2010；Lieberman et al.，2001）。换句话说，不需要存在不一致的前提，仅仅被告知选择就能够诱发偏好。在仅仅被告知自己的选择是什么，或仅仅是虚拟的选择情景，甚至连选择行为都没有实际发生过，个体还会增加对自己选择的选项的喜好，被称之为选择者效应（Huang，2009）。

这就是"选择引发偏好"的第二种理论解释：自我提升动机。与拥有者效应类似，个体出于对自我概念有关的内容的积极评价，因此会对自己选择的物品进行积极评价。根据自我决定理论，人们有 3 种与生俱来的心理需要：能力、自主性和关联性（Ryan et al.，2000）。当这些需要被满足时，人们体会到积极感受。知觉控制（Perceived Control）与自我决定（Self-determination）是选择过程的重要因素。选择行为在人们从一系列有意义且具备相似吸引力和不确定性的备择项里进行挑选时发生。知觉控制是人们相信他们的行为会造成未来他们想达到的目的或者想要的结果。自我决定指的是个体对行为的发起和调控时，所知觉到的自主感不受外界因素干扰的感觉。有研究表明，自主性的满足可以加强选择与偏好正相关（Shang et al.，2016）。

大量研究已经发现，选择过程（Averill，1973）可以给个体带来一系列的正性效应，如增加个体的自信与自尊（Tafarodi et al.，2002；Tafarodi et al.，1999），给个体带来更多的控制感（Rotter，1966；Taylor，1989），提升个体的内部动机（DeCharmes，1968）等。同时，实验参与者对选择的物体将会有更多的偏好，即产生选择扩散效应（Brehm，1956，1966；Hammock et al.，

1966）。甚至在选择并不真实存在的情况下，虚拟选择就能够引发人们的偏好（Huang et al.，2009）。那么，对于金融理财产品的结果（涨跌）评价，选择者效应是否也存在？当控制了理财产品的所有权，也就是说，当拥有权都属于自己时，选择权的作用还依然存在吗？相比获益的结果，当结果损失的时候，选择者效应会不会凸显出来？这是在经济生活中常遇到的问题，但以往的研究关注的客体是日常生活领域里的小商品评价（Huang et al.，2009），如个体对自己选择的或者自己拥有的物品有更多的偏好，并且选择者效应比拥有者效应对物品偏好的影响作用更大。当评价客体是理财结果时，可能会出现不同效应。本研究考察虚拟选择对结果评价的影响，我们省去了真正进行选择的过程，而是采用"想象选择"的情景材料，告知被试已经进行了选择行为。

➔ 第四节　印象管理动机、委托代理理论、解释水平理论

自我提升动机（Shrauger，1975）促进人们对于自己特质的积极评价（Dunning et al.，1992）。出于自我提升的动机，个体要维护一个良好的自我形象，从而诱发印象管理的动机，看重个人决策声誉，因而关注/敏感于"为他人理财"结果的好坏。个人的决策声誉也是自我概念相关的内容。印象管理动机是指人们以一种满足自己需求和目的的方式来表现自己，有动力/动机去控制他人如何看待自己，也就是指导和控制他人对自己形成的印象，在他人面前根据自己的目的表现出或者不表现出一些行为（Leary et al.，1990）。出于自我提升的动机，个体要维护一个良好的自我形象，从而诱发印象管理的动机，个体介意个人的决策声誉，从而介意为他人理财结果的好坏。

在拥有者效应的研究中，无论是对物品的积极/消极评价，还是用估值的办法升高/降低物品的价值，所涉及的物品都是本身客观上具有固定的价值，以往没有研究关注具有变动价值的物品，比如股票等。股票等理财产品与传统的拥有者效应相比，不仅具有变动的客观价值，并且价值是以金钱的形式存在的。当前金融背景下的理财关系是以利益为基础的"委托—代理"关系。

在经济学研究中，委托—代理理论（Principle-agent Theory）以"理性经济人"假设（Becker，1976）为基准，认为个体追求个人利益最大化，对自己—他人结果评价差异给出了解释：委托人（委托他人理财，如客户）与代理人（为客户理财，如私募基金经理人）对委托的理财产品的利益要求不同。代理人在"委托—代理"关系中，追求其个人利益的最大化，为客户理财只是工作职责要求，而不是追求其委托人利益的最大化，从而导致双方关注点冲突。根据上述理论，个体作为代理人，对客户的利益不是最大化的关注，而是小于对代理人自身利益的关注。利益差异是委托人和代理人决策关注点差异的原因。有研究表明，委托人和代理人作出的决策往往有较大的差异（Jensen，1976）。经济学研究从利己偏见的动机角度出发，揭示"委托—代理"问题的根源。拥有权使得理财产品的结果关乎切身利益，从而对自己的盈亏更加关注。在利益额度变大时，拥有者效应会得到加强。然而，这个理论却无法解释很多非理性的行为，比如，人们会为了个人名誉而牺牲掉自身利益，会为了他人幸福而放弃自身利益等"亲社会行为（Pro-social Behavior）"。此外，金钱结果评价的影响因素研究主要集中在社会情景中的人际距离关系（如自己—他人是朋友关系、家人关系、陌生人关系等）所诱发的认知差异，这些研究弱化了经济学背景下的"委托—代理"关系，而更多地关注社会关系（Ma et al.，2011）。

另一方面，委托人（如股东，在本研究中是"委托他人理财"角色身份）通过与代理人（如私募基金经理人，在本研究中是"为他人理财"角色身份）签订契约，请代理人代表自己履行某些职责或者进行决策。这涉及代理人尽责心的问题。作为大五人格中的一个重要人格特质（Costa et al.，1988），尽责性代表了个体坚持、努力工作、自律、有尽责心和有组织性等一系列特征（Costa et al.，1992）。有大量广泛的研究发现，尽责心会对组织中的个体态度和行为产生影响。根据个体资源分配理论，不同的人会有不同的资源分配策略（Lee et al.，2006；Rabinovich et al.，2010），而尽责心特质会极大地影响个体如何进行资源分配（Witt et al.，2006）。因此，对于责任心强的个体，当为他人理财时，会对结果给予更多的关注。

　　解释水平理论是个体表征周围事物时的心理建构和认知图式，研究者根据抽象程度的高低差异，分为高水平解释和低水平解释（Liberman et al.，2008；Trope et al.，2003，2010）。这是一个认知视角的心理建构，反映人们对世界感知和理解的重要性程度。人们根据心理表征的层次性，高解释水平的认知是在抽象过程中忽略那些被认为不重要，也就是次要、边缘化的特征，而关注那些主要的、核心的特征。因此，高解释水平抽象化程度高，比具体表征更加明确、简单、反映事物核心特征。低解释水平正相反，关注一些具体的、复杂的、反映事物表面特征的。高解释水平的认知倾向于关注事物的本质和意义，低解释水平的认知关注事物具体化的形式与方法。如职员去单位工作，高解释水平个体关注工作的意义，如何实现自我价值（如把工作当使命），低解释水平个体关注工作的规章程序、形式等（如工作地点距离自己家是不是很近）。

　　解释水平作为认知层面的心理建构，也是一个特质型的变量。它作为特质型变量，能够稳定地影响个体的社会认知模式和行为反应方式。行为识别问卷是经常用来测量解释水平高低的量表（Behavioral Identification Form，Vallacher et al.，1989）。它描述了25种生活中常见的日常行为（如洗衣服），用高水平、低水平两种方式来解释行为，反映实验参与者的思维习惯方式。如洗衣服的高解释水平是"去除衣服上的污渍"，低解释水平是"浸泡揉搓漂洗"。

　　解释水平不仅是个体特质型的认知，也会受到情景因素的影响。如情景因素中的心理距离因素就是很关键的因素。解释水平与心理距离关系很密切。心理距离是个体以自己为参照点，对其他事物距离自己接近还是遥远的主观体验。较近的心理距离可能采用低解释水平，而较远的心理距离可能采用较高的解释水平。理财角色身份的为"他人理财""他人为我理财""观望他人理财"这3种理财角色与自己处在远近不同的心理距离水平上，因此，实验参与者处在不同理财身份时对股票结果的认知评价也会存在差异。理论小结见表2-2。

表 2-2　理论小结

相关理论	理论内容
拥有者效应	比起那些不属于自己的物品，个体更喜欢自己拥有的物品（Beggan, 1992; Nesselroade et al., 1999）。 如首字母效应，关于姓名字母偏爱的实验反映了一种积极的自我态度（Nuttin, 1985）。 禀赋效应，指对于相似的但不属于自己的其他物品，人们更喜欢自己的物品，并倾向于高估所拥有物品的价值（Thaler, 1980）
选择者效应	在仅仅被告知自己的选择是什么，或仅仅是虚拟的选择情景，甚至连选择行为都没有实际发生过，个体还会增加对自己选择的选项的喜好，被称之为选择者效应（Huang, 2009）
认知失调理论	人们具有维护认知输入和行为输入的个体内部一致性的动机，维护一致性可以降低失调的感受（Festinger, 1957）。 如"选择引发偏好"选择行为提高对所选选项的喜好，同时降低被拒绝选项的喜好（Van Overwalle et al., 2002）
自我提升动机	人们倾向于积极地看待跟自我有关的东西（Brown et al., 1988; Maslow, 1943; Rogers, 1951; Taylor et al., 1988; Sedikides et al., 1995），通过保持自我概念的积极方面或降低自我概念的消极方面来提升自尊
委托—代理理论	"理性经济人"假设（Becker, 1976）
解释水平理论	个体表征周围事物时的心理建构和认知图式，研究者根据抽象程度的高低差异，分为高水平解释和低水平解释（Liberman et al., 2008; Trope et al., 2003, 2010）

第二篇 结果评价偏差的行为证据与神经证据

"遗簪见取终安用；敝帚虽微亦自珍。"——宋·陆游《秋思》，用来比喻珍视和爱护自己所拥有的事物，不因其简陋或贫乏而轻视它们。

"当局者迷，旁观者清"——中国谚语，比喻在亲身经历中难以客观看待问题，而旁观者则可以较为客观地评价事情。

"在投资中，恐惧和贪婪是两个最大的评价偏差。"——沃伦·巴菲特（Warren Buffett）

"市场上最危险的词语是：这次不同了。"——约翰·泰勒（John Templeton）

"在市场上，人们更倾向于追求短期收益，而忽视长期价值。"——彼得·林奇（Peter Lynch）

"不要让市场的噪音左右你的决策。"——索罗斯（George Soros）

【本篇内容】

- 选择权和拥有权分别独立地、交互地作用
- 认知评价差异
- 虚拟选择、虚拟拥有
- 内隐联想测验
- 同期多角色扮演
- 脑电实验（事件相关电位技术）
- 机器学习训练模型

第三章 理财行为中的评价偏差及分析框架

➔ 第一节 金融理财决策中的评价偏差

在早期的金融活动中，理财形式主要是"自己给自己理财"这种个人理财行为。比如，在银行存钱、典当自己拥有的物品等。随着金融活动的蓬勃发展，人与人之间的金融交易成为越来越流行的理财形式。如有的人需要委托他人帮助自己进行投资，有的人可以帮助他人管理投资。如刚加入股票市场中的新人，由于缺乏一定的知识背景和操作经验，需要专业人士的指导来帮助他们进行股票、基金及其他理财产品的投资理财。因此，他们往往先扮演着客户的角色，需要依靠专业人士帮助自己理财。在金融交易情景中，存在着诸如"为自己理财"（如个体股民）、"为他人理财"（如基金经理人）、"委托他人理财"（如客户）、"观望他人理财"（如旁观者，自己观察亲戚、朋友的理财行为）等不同理财角色。

这些角色身份如何影响个体对理财结果的评价（基于认知的视角）？换句话说，人们为什么会出现对自己和对他人的理财结果的评价差异？大家最关注的莫过于理财产品的收益问题，当个体处于不同的理财角色身份中，面对获益与损失，人们还会同等理性地评价结果吗？如当股票下跌时，拥有者效应是否还存在？也就是说，人们为自己理财（投资购买）的股票损失，是否比为他人理财所购买的股票损失（相同下跌额度）更难以接受？此外，在评价的同时，又伴随产生/诱发怎样的情绪（基于情绪的视角）？

特别是在金融理财决策中，我们往往不仅要面对自己拥有的理财产品（如基金、股票、证券等），进行独立的理财行为，体现了理财行为的独立性，很多情况下也同时面对他人（如帮助朋友、亲人、客户，旁观陌生人等）拥有的理财产品，进行与他人产生相互关系的理财行为，体现了理财行为的社会互动性。有的理财角色身份是独立的"人—物品（理财产品）"之间的关系，有的理财角色身份还包含"代理人—客户"的人与人之间的关系。

本书分析了在行为金融学领域的理财行为中对结果的评价偏差的现象，并从心理学与组织行为学视角分析理财角色身份的心理学基础，同时通过多项实证研究挖掘理财角色身份对结果评价影响的行为水平的证据与脑神经水平的证据，进而给出人们对于理解金融活动中评价偏差的形成与发展、影响效果及其作用机制的理解。

第二节　理财角色身份的经济学与心理学分析框架

股票等理财产品，是价值变化波动的客体中很常见的形式。选择权和拥有权对于股票涨跌的评价具有怎样影响？与既往的固定价值属性的小商品评价有何差异？

在金融活动中，存在不同的理财角色，主要分为个人投资者与金融顾问。个人投资者以个人名义进行投资理财活动。他们可能通过购买股票、债券、基金或房地产等资产来增加财富，并根据自己的风险承受能力和投资目标管理自己的投资组合。金融顾问是专业从事理财咨询和规划的专业人士。他们提供个性化的理财建议和指导，帮助客户根据其财务目标和风险承受能力制定合适的投资策略。金融顾问通常具备相关的金融知识和资格，如注册投资顾问或者认证财务规划师等。

金融顾问充当着代理人身份，与之相对应的理财关系中的身份是客户身份的投资者。而在这个关系之外的，处在旁观位置的观察者或者学习者，当前在该关系之外，但将来有可能进入"顾问—客户"之间的关系，也或许成为独立的个人投资者，如个体股民。也就是说，理财行为中常见的有"为自己理财"（如个体股民）、"为他人理财"（如基金经理人）、"委托他人理财"（如客户）、"观望他人理财"（如旁观者，自己观察亲戚、朋友的理财行为）等理财角色。

在心理学领域，结果评价的影响因素主要集中在社会情景中的人际距离关系（如"自己"—"他人"是朋友关系、家人关系、陌生人关系等）所诱发的认知差异，这些研究弱化了经济学背景下的"委托—代理"关系，而更多地关注社会关系（Ma et al., 2011）。为了更好地研究损失和收益与认知、情感等心理因素的对抗，本书描述了金融理财背景下理财角色身份对结果评价的影响。尤其是当同一个人相继扮演不同的理财身份时，不同角色身份之间的评价差异。

从心理学的角度剖析理财角色身份，采用选择权与拥有权的组合能够表征金融活动中多种人与人之间的理财关系。具体就股票这一理财产品而言，这里面包含了个体与股票之间的"人与物"的主客体关系，以及"人与人"的社会互动关系。首先，根据"人—物品（股票）"是选择权还是拥有权进行分类（图3-1）。

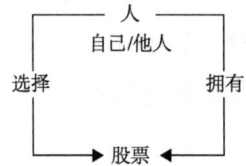

图 3-1　人和股票
之间的关系示意

其次，对"人—人"之间的理财关系，根据选择权和拥有权属于自己还是他人进行分类（表3-1）。这样，构成了2（选择权：自己，他人）×2（拥有权：自己，他人）的4种理财关系，也分别对应着4种理财角色（表3-1）。

"我选我有（为自己理财）"角色身份下理财产品的拥有者和选择者都是"自己"；"我选他有（为他人理财）"角色身份下理财产品的选择者是"自己"，拥有者是"他人"；"他选我有（委托他人理财）"角色身份下理财产品的选择者是"他人"，拥有者是"自己"；"他选他有（观望他人理财）"角色身份下理财产品的拥有者和选择者都是"他人"。

表 3-1　4 种理财角色身份

		拥有权	
		自己	他人
选择权	自己	"为自己理财"："我选我有"条件	"为他人理财"："我选他有"条件
	他人	"委托他人理财"："他选我有"条件	"观望他人理财"："他选他有"条件

4种理财关系对应的理财角色，具体而言：

①"为自己理财"，一个自己选择股票并自己出资购买的买家，扮演着独立的个体股民。如个人股民。这种角色对应的是"我选择我拥有"的股票，简称"我选我有"。

②"为他人理财"，一个理财人可以帮助另外一个人来选择股票，由另外

这个人出资购买股票。这种情况下，理财人扮演着代理人的角色，如基金经理人，帮助其客户挑选股票但是基金经理自己并不出资购买（拥有）这些股票。这种角色对应的是"我选择他拥有"的股票，简称"我选他有"。

③"委托他人理财"，一个客户的股票由他人来帮助他选择，自己出资购买。如客户扮演着股票持有人的角色，将股票的选择权委托给他人执行，自己具有股票的拥有权（购买）。这种角色对应的是"他选择我拥有"的股票，简称"他选我有"。

④"观望他人理财"，一个股票市场中的观察者观察他人独立选择并出资购买股票的行为，扮演着旁观者的角色。这种角色对应的是"他选择他拥有"的股票，简称"他选他有"。

直观来看，选择权/拥有权、理财行为及理财角色三部分之间的关系，见表 3-2。

表 3-2　金融活动中的理财角色

选择权/拥有权	理财行为	理财角色
"我选我有"	"为自己理财"	如个体股民
"我选他有"	"为他人理财"	如基金经理人
"他选我有"	"委托他人理财"	如客户
"他选他有"	"观望他人理财"	如旁观者，自己观察亲戚、朋友的理财行为

为了考察选择权和拥有权对股票结果评价的独立作用和交互作用，进一步增加了股票涨跌这个变量，我们设计了一个 2（股票选择者：自己，他人）×2（股票拥有者：自己，他人）× 2（股票效价：上涨获益，下跌损失）的被试内设计，如图 3-2 所示。因变量是实验参与者对不同角色身份下的股票涨跌的内隐态度、行为及脑电指标等。这样的设计构建了一个特殊的情景，可以考虑拥有权（自己拥有，他人拥有）和选择权（自己选择，他人选择）来同时模拟真实的股票涨跌的 8 种情况。8 种"人—股票涨跌"关系分别是：

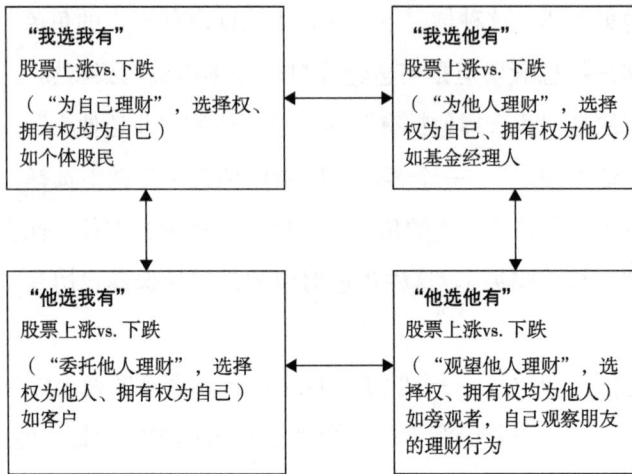

<table>
<tr><td>

"我选我有"

股票上涨vs.下跌

（"为自己理财"，选择权、拥有权均为自己）
如个体股民

</td><td>

"我选他有"

股票上涨vs.下跌

（"为他人理财"，选择权为自己、拥有权为他人）
如基金经理人

</td></tr>
<tr><td>

"他选我有"

股票上涨vs.下跌

（"委托他人理财"，选择权为他人、拥有权为自己）
如客户

</td><td>

"他选他有"

股票上涨vs.下跌

（"观望他人理财"，选择权、拥有权均为他人）
如旁观者，自己观察朋友的理财行为

</td></tr>
</table>

图 3-2　个体对股票的选择权 / 拥有权两两组合表征 4 种理财角色身份

为了研究股票结果认知评价的对比效应，我们将上述 4 种理财角色每两个进行组合，归类为 6 种金融情景，但我们重点研究其中的 4 种。每个实验参与者在每个场景中可以扮演 2 种角色身份，6 种金融情景分别是（图 3-3、图 3-4）：

①个体评价"我选我有"的股票 vs."我选他有"的股票。

②个体评价"他选我有"的股票 vs."他选他有"的股票。

③个体评价"我选我有"的股票 vs."他选我有"的股票。

④个体评价"我选他有"的股票 vs."他选他有"的股票。

另外两种情景是：

⑤个体评价"我选我有"的股票 vs."他选他有"的股票。

⑥个体评价"我选他有"的股票 vs."他选我有"的股票。

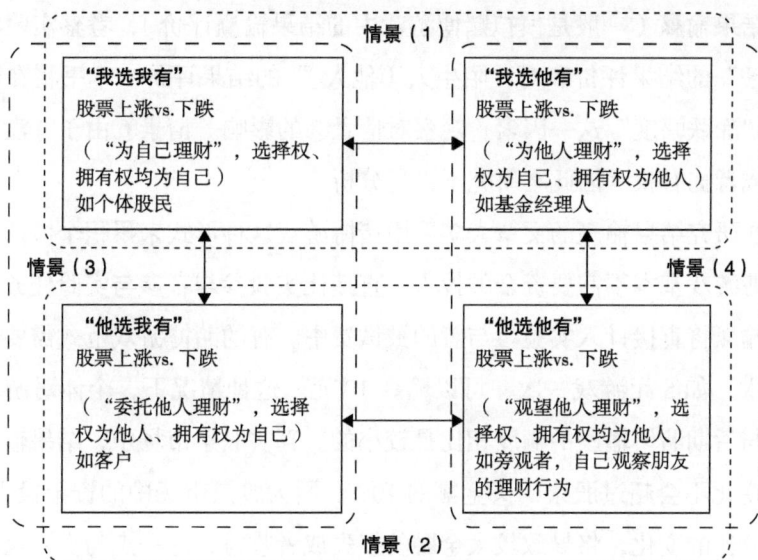

图 3-3　6 种金融情景中的前 4 种

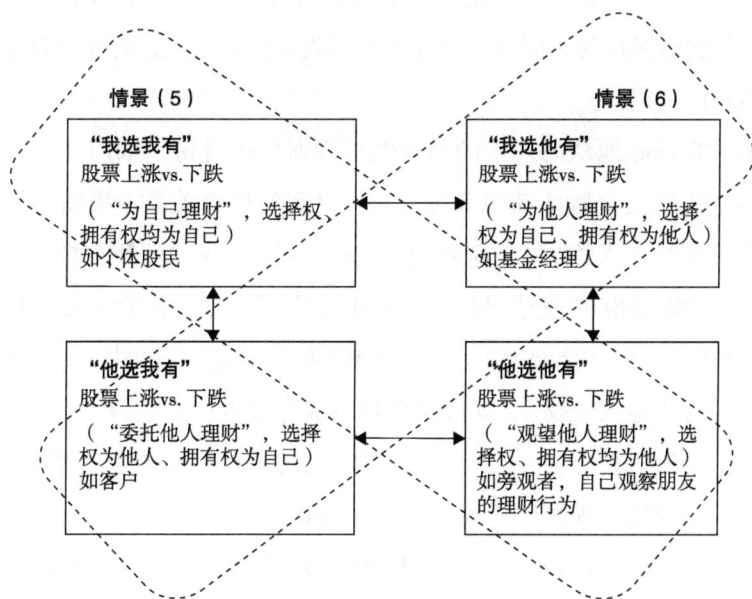

图 3-4　6 种金融情景中的后两种

其中，情景①②③④是我们关注的重点，考察了选择权和拥有权对股票结果评价的影响作用。情景⑤以往很多研究者关注过，他们研究"自己"—"他人"的结果输赢（一般是模拟赌博游戏中的结果输赢评价），考察实验参与者对"自己"的结果评价和对"陌生人（他人）"的结果评价。本书将在研究六中增加"涨跌幅度"这一因素，观察对情景⑤的影响。情景⑥由于并没有共享选择权或者拥有权，因此本研究不进行分析。

以往研究结果输赢的文章大多采用赌博游戏这种形式来累积个体的收益情况。赌博游戏基本不需要资金的投入，直接让实验参与者参与实验任务，任务的结果输赢将直接计入实验参与者的被试费中。有的赌博游戏范式需要很少的资金投入，如5元游戏一次，可以输赢10元。这种情况下，个体对游戏的初始投入与后期赌博输赢的额度相比是较小的。真实股票市场中，结果输赢在当日内的变化不会超过股票购买金额的10%。因为股票市场中的资金投入量大，很小百分比的变化，将导致较大金融的损失或者收益，这一点与实际经济市场中的情况很相近。以往结果评价的赌博游戏范式更偏重于实验室实验，其外部效度或者是应用于经济市场中的实践意义非常有限。本书研究的是理财产品，并不是简单的赌博行为，因此，设计了模拟股票购买范式，研究"自己"—"他人"的结果评价差异。

本书非常巧妙地从心理学的角度剖析理财角色身份，采用选择权与拥有权的组合来表征出金融活动中多种人与人之间的理财关系。根据选择权和拥有权在自己还是他人构成2（选择权：自己，他人）× 2（拥有权：自己，他人）的4种理财身份："我选我有"（"为自己理财"，如个人股民）、"我选他有"（"为他人理财"，如基金经理）、"他选我有"（"委托他人理财"，如客户）、"他选他有"（"观望他人理财"，如股票市场中的旁观者独立理财）。其中，"我选我有（'为自己理财'）"角色身份下理财产品的拥有者和选择者都是"自己"；"我选他有（'为他人理财'）"角色身份下理财产品的选择者是"自己"，拥有者是"他人"；"他选我有（'委托他人理财'）"角色身份下理财产品的选择者是"他人"，拥有者是"自己"；"他选他有（'观望他人理财'）"角色身份下理财产品的拥有者和选择者都是"他人"。

此外，理财角色身份对个体对理财结果的评价有重要影响，这一现象可以从认知和情绪的视角来解释。一方面，基于认知的视角，首先，尽责心在其中发挥着作用。当个体是自己理财的决策者时，他们通常会对投资结果有更高的尽责心。因此，他们会更加关注并过于期望自己的投资结果，可能更倾向于对自己的决策过于乐观或过于悲观。其次，个体在自己参与的理财中会更加主动地获取和解释相关信息，可能过于乐观地理解收益预期或过于悲观地理解损失。最后，当个体拥有某个理财产品（如股票）时，他们可能会过于看重它，使得对于同样的下跌额度，他们对自己拥有的股票损失更难以接受，而对于他人拥有的股票损失则相对容易接受。另一方面，基于情绪的视角，个体在自己理财时，由于对投资结果情绪化反应的可能性较高，可能会导致决策过程受到情绪的干扰，从而影响评价的客观性。在评价理财结果的同时，可能产生的情绪包括兴奋、愉悦、失望、焦虑等。当投资结果符合预期时，个体可能会感到兴奋和愉悦；而当投资结果出现损失时，可能会感到失望和焦虑。综上，理财的个体可能受到更强烈的情绪和认知偏差影响，导致对投资结果过于乐观或悲观。

➡ 第三节　理财角色身份对结果评价偏差影响的研究设计

本书的第二篇与第三篇一共有 6 个研究，采用 2（选择权：自己选择 vs. 他人选择）×2（拥有权：自己拥有 vs. 他人拥有）×2（股票效价：上涨 vs. 下跌）被试内设计，探索选择权与拥有权如何独立及交互作用于金融理财场景对股票涨跌的评价。

研究选择权和拥有权两个独立因素对股票结果评价的作用，以及选择权和拥有权交互作用的行为证据及脑电波证据（其事件相关电位证据）（研究一、研究二、研究三）。研究一采用 2（选择权：自己选择，他人选择）×2（拥有权：自己拥有，他人拥有）×2（股票效价：上涨，下跌）被试内设计，内隐联结实验（IAT）考察选择权和拥有权对股票涨跌认知评价的独立作用和交互作用，因变量指标是实验参与者对自己身份判断反应时。

研究二 a 在研究一的基础上，仍采用 2（选择权：自己选择，他人选择）×2（拥有权：自己拥有，他人拥有）×2（股票效价：上涨，下跌）被试内设计，通过事件相关电位技术手段，以没有股票经验的大学生样本群体为研究对象，系统地考察股票涨跌的神经活动（脑电反应），尤其是考察角色身份之间的对比效应。依据前人文献，采用 FRN 波（Feedback Related Negativity，反映结果违反预期的程度），作为结果评价这一因变量。研究二 b 招募具有股票买卖经验的实验参与者，重复了研究二 a，探讨理财经验对股票结果评价的影响。

理财角色身份的影响作用的电生理证据研究（研究二），发现了"为自己理财"股票结果与"为他人理财"股票结果带给个体的"违反预期"的心理感受并不遵循拥有者效应。相反，人们对"为他人理财"结果比"为自己理财"结果更加敏感。当理财产品都是自己选择的情况下，拥有者效应非但消失了，还发生逆转。

研究三进一步分析了研究二的脑电数据，收集有股票交易经验的个体的脑电实验数据，采用机器学习的方法对脑电波数据构建了分类模型，预测和判断理财身份属性。从这个角度反映了不同理财角色身份之间的脑电特征模式。

研究四根据研究二发现的"基于自我选择的逆拥有者效应（与关注自己结果相比，个体更关注他人结果）"，研究该效应在情绪感受层面的表现。股票上涨的时候存在逆拥有者效应吗？下跌的时候也存在吗？启动实验研究两个重点考察的"为自己理财"与"为他人理财"时股票涨跌的情绪感受。

研究五探讨了该效应的心理机制，在研究四的基础上，通过双启动实验，采用 2（尽责心：高，低）×2（印象管理水平：高，低）的被试间设计，研究尽责心与印象管理水平对逆拥有者效应的作用。

研究六采用 2（股票结果：上涨，下跌）× 2（当日股值变化幅度：大～9%，小～3%）的被试内设计，关注涨跌幅度大小对评价他人涨跌结果的调节作用。个体对他人结果的冷漠态度，是否会随着他人股票涨跌幅度变化而变化呢？针对研究二发现的个体对不相关他人的股票表现出的冷漠反应，研究六考察了结果大小对他人理财评价的影响。

综上，通过研究 1～6（图 1-1）的行为反应实验、启动实验、事件相关电位（ERP 脑电）及机器学习建模方法，考察个体对"为自己理财（自己选择自己拥有）""为他人理财（自己选择他人拥有）""委托他人理财（他人选择自己拥有）""观望他人理财（他人选择他人拥有）"的股票涨跌时的认知评价与社会情绪，探讨个体尽责心与印象管理的作用。也就是说，考察股票涨跌变化时选择权与拥有权如何影响认知评价与社会情绪，探讨个体的人格因素（尽责心）在其中的调节作用。特别是，对于具有股票经验的人员（基金经理人工作），与没有股票经验的人员样本的事件相关脑电位（Event Related Potentials，ERPs）的电生理数据（Shang et al.，2017）分析，综合两个样本进行机器学习建模，得出具有判断力的模型指标。

从心理学的分析框架来说，探讨了选择权与拥有权的组合来表征出金融活动中 4 种理财关系对理财结果评价的影响及其神经证据。本书首次提出了基于自我选择的逆拥有者效应的现象，考察了其心理机制。

第四章 选择权与拥有权对股票结果评价的影响——认知层面

第四章介绍了第三章研究框架中的研究一。研究一采用 2（选择权：自己选择，他人选择）×2（拥有权：自己拥有，他人拥有）×2（股票效价：上涨，下跌）被试内设计，内隐联结实验（IAT）考察选择权和拥有权对股票涨跌认知评价的独立作用和交互作用，因变量指标是实验参与者对自己身份判断反应时。

第一节 "虚拟拥有""虚拟选择"对股票结果认知评价的影响

通过设定拥有者权和选择者权是属于自己还是他人，可以构建4种理财角色："为自己理财（自己选择、自己拥有）""为他人理财（自己选择、他人拥有）""委托他人理财（他人选择、自己拥有）""观望他人理财（他人选择、他人拥有）"。更有意思的是，在真实的日常生活中，个体可以同时扮演4种不同的理财角色。研究一将着重关注个体扮演不同角色时，在内隐水平的认知评价及情绪感受上的差异性。

为了考察选择权和拥有权对股票结果评价的独立作用和交互作用，我们设计了一个 2（股票选择者：自己，他人）×2（股票拥有者：自己，他人）×2（股票效价：上涨获益，下跌损失）的被试内设计。因变量是被试对不同角色身份下的股票涨跌的内隐态度。这样的设计构建了一个特殊的情景，可以同时模拟真实的股票市场中的4种理财角色，用于研究理财角色身份之间的对比效应。

根据前文综述，选择的作用已经被研究了几十年，研究者普遍认为选择具有渴望性和权力感（Iyengar et al., 1999）。体验自由选择能够增强人们对所选择活动享受、喜欢的程度，并延长对所选活动的持续时间（Nuttin, 1973；Zuckerman et al., 1978）。但也有研究发现，即使选择过程没有真实发生，选择者效应依然存在（Huang et al., 2009）。同样，拥有者效应不仅在外显的行为实验（拥有的过程是在实验中真实发生了的）中被发现（Beggan，1992；Nesselroade et al.，1999），也存在于内隐实验（拥有过程并没有真实发生，仅仅是通过情景启动材料告知被试）中（Huang et al.，2009）。即使在拥有体验过程并不存在的情况下，与那些自己被告知并不拥有的物品相比，人们会内隐地偏爱自己拥有的物品（Huang et al.，2009）。这种实际上并不存在的拥有者身份，仅仅通过想象或者是被告知"你拥有某些物品"的拥有身份，被定义为虚拟拥有。从所拥有的物品属性这个角度来看，无论拥有的客体是真实存在的，或者仅仅是想象出来的，抑或是一些抽象的观点／言论（De Dreu et al.，2005）、时间、位置等（Beggan，1992；Sen et al.，1997），都可以观察到拥有者效应。

对于金融理财结果而言，一个人拥有的股票的收益和损失可被看作积极一面和消极一面。本研究（研究一）将关注"虚拟拥有""虚拟选择"对股票结果认知评价的影响。通过"提高自己积极一面，或者降低消极一面"这种改变对自己拥有事物的认知来自我提升，个体会对自己拥有股票的结果具有积极的预期。也就是说，个体期望拥有股票上涨，不期望股票下跌。自己拥有股票下降可以被看作威胁个体的事件。根据自我提升理论，人们也需要削弱与自己有关的消极一面，人们会不期望自己所拥有的股票下降这样的情况发生，也就是说，自己拥有股票下降是一个给个体带来冲突感体验的情况。

本书将采用内隐联想测验 IAT 范式（Greenwald et al.，2003）来模拟股票结果评价。将两个目标词分别与积极形容词和消极形容词相匹配，如人们对"相容任务：花朵＋积极词汇，昆虫＋消极词汇"的反应速度要显著快于"不相容任务：昆虫＋消极词汇，花朵＋积极词汇"。IAT 实验有个弊端，研究者只能得出对组合的反应快慢，但无法拆开进行细致的探讨。也就是说，这个研究无法给出人们究竟是对"花朵＋积极词汇"更认可，还是对"昆虫＋消极词汇"更认可，从而对相容任务的反应时加快。因此，个体在相容任务与不相容任务之间的真实态度并不能够确定究竟是对哪一个概念词。

本研究（研究一）将采用改良的 IAT 范式，分别记录实验参与者对概念词（自己拥有，他人拥有）与结果效价（涨跌）组合的反应。任务要求让实验参与者对结果评价进行角色身份判断。因变量是个体对不同角色身份的股票结果输赢的内隐态度，采用判断正确率和反应时作为因变量的指标。

本研究"模拟股票购买"范式考察角色身份与股票涨跌效价之间构成的8种组合（"我选我有股票＋上涨""我选我有股票＋下跌""我选他有股票＋上涨""我选他有股票＋下跌""他选我有股票＋上涨""他选我有股票＋下跌""他选他有股票＋上涨""他选他有股票＋下跌"）对后续身份判断任务反应时的影响，见表4-1。

表4-1 金融活动中的理财角色对应的股票涨跌

选择权／拥有权	理财行为	理财角色	股票涨跌
"我选我有"	"为自己理财"	如个体股民	"我选我有股票＋上涨" "我选我有股票＋下跌"
"我选他有"	"为他人理财"	如基金经理人	"我选他有股票＋上涨" "我选他有股票＋下跌"
"他选我有"	"委托他人理财"	如客户	"他选我有股票＋上涨" "他选我有股票＋下跌"
"他选他有"	"观望他人理财"	如旁观者，自己观察亲戚、朋友的理财行为	"他选他有股票＋上涨" "他选他有股票＋下跌"

根据自我提升动机，选择权和拥有权都会影响我们对自己—他人股票结果的认知。本研究假设：①存在独立作用的拥有者效应、选择者效应，也就是说，个体对与自己有关的结果（自己选择的，或者自己拥有的）无论输赢的反应都应该快于对他人的结果的反应。②拥有者效应强于选择者效应，个体对自己拥有的股票涨跌敏感，无论是不是自己选择的。也就是说，即使对自己选择的股票，也不会比别人帮自己选择的股票反应更快。

⊙ 第二节 选择权和拥有权两两组合表征4种理财角色身份

人们在股票市场中会扮演不同的角色：自己掏钱自己选择购买股票的个体

股民，帮助客户选择股票的基金经理人，只出资购买股票却基本上不作决定的客户，还有旁观他人理财的旁观者。从心理学视角分析股票市场中的这几种理财角色身份，主要涉及了拥有权（股票的拥有者：自己，他人）和选择权（股票的选择者：自己，他人）这两个因素。通过设定拥有者权和选择者权是属于自己还是他人，可以构建4种"人—股票"的关系。更有意思的是，在真实的日常生活中，个体可以同时扮演4种不同的理财角色。本研究将着重关注个体扮演不同角色时，在认知评价及情绪感受上的差异性。以往社会背景因素（Social Context Related Factors）对理财结果认知评价影响的相关研究中[包括行为研究和电生理研究（Li et al., 2010）]，往往是独立地研究单一因素对结果评价的影响，并且研究的内容不能很好地代表绝大部分的金融经济活动。如以往是实验室情景下的赌博游戏，而赌博游戏是经济生活中很小的一部分，受众人群也相对较少。因此，以往研究没能充分模拟经济生活中复杂（多种因素）却又真实（生态效度）的场景。本研究针对金融背景下最为频繁、受众人群最多的理财行为进行分析，巧妙地采用选择权（自己，他人）和拥有权（自己，他人）表征出4种理财角色身份，并研究采用多角色扮演同期动态反馈的实验范式，研究上述关系对理财结果评价的影响及其事件相关电位证据。此外，通过理财角色身份之间的对比效应探索金融活动中拥有者效应、选择者效应的特殊心理社会意义，揭示金融活动中人性的本质。

结果评价属于客体评价的一种。关于客体评价，如对物品偏爱程度的研究中，发现了拥有权和选择权的作用（Huang et al., 2009）。与他人的物品相比，人们倾向于喜爱自己所拥有的物品，这一现象被称之为拥有者效应（Beggan, 1992; Nesselroade et al., 1999）。同样，选择权也能够提高对自己选择物品的喜爱程度。很多研究发现，对于决策后的被选择和未被选择的选项而言，与进行选择前相比，人们对所选选项的喜好程度提高，同时未被选择的选项的喜爱程度有所降低（Brehm, 1956; Hammock et al., 1966; Huang et al., 2009）。对于选择权的作用还有第二条解释。选择行为本身可以看作是一种决策，而决策结果的好坏会受到他人的评估，从而影响个人决策的声誉。自己的声誉也是自我概念相关的内容，根据个体维护自我形象而产生的印象管理，个体也会维护良好的个人决策声誉，因此对自己选择的结果更加关注。

拥有者效应根源于自我提升动机，是指人们通过高估自己拥有物品的价值来提升自我形象（Beggan，1992；Nesselroade et al.，1999）。自我提升所导致的认知偏差有多种存在形式，并且可以影响我们生活的很多方面。如人们很自然地会更加偏爱自己名字中的字母，这也被称为名字字母效应（Nuttin，1985）。另一个就是本书所关注的拥有者效应。如自己对于自己所拥有的物品更加喜爱，所谓的"敝帚自珍"（Kahneman et al.，1990）。从拥有权这个因素而言，这个效应不仅在外显的行为实验（拥有的过程是在实验中真实发生了的）中被发现（Beggan，1992；Nesselroade et al.，1999），也存在于内隐实验（拥有过程并没有真实发生，仅仅是通过情景启动材料告知实验参与者）中（Huang et al.，2009）。即使在拥有体验过程并不存在的情况下，与那些自己被告知并不拥有的物品相比，人们会内隐地偏爱自己拥有的物品（Huang et al.，2009）。这种实际上并不存在的拥有者身份，仅仅通过想象或者是被告知"你拥有某些物品"的拥有身份，被定义为虚拟拥有。从所拥有的物品属性这个角度来看，无论拥有的客体是真实存在的，或者仅仅是想象出来的，抑或一些抽象的观点／言论（De Dreu et al.，2005）、时间、位置等（Beggan，1992；Sen et al.，1997），在它们身上都可以观察到拥有者效应。

为了获得一个高水平的自尊，人们关注自我的积极一面的提升，并同时降低自我的消极一面（Brown et al.，1995；Steele，1988）。个体增加自我的积极一面的提升可以通过提升与自我有关的物品的价值来实现。与此同时，自我提升的动机还可以通过让自己对抗／拒绝那些构成自我威胁的事件，如他人对自己的负性的评价，与自己观点上的不一致，甚至是否定自己的言论或者所拥有的物品，来削弱自我有关的消极一面。

当自己和他人进行对比时，如对于在自己和他人有关的物品的评估／评价方面，人们还可以通过损毁他人或者说低估他人来维系自己的积极自我形象（Fein et al.，1997）。对于这一点，有研究者（Wu et al.，2013）通过催产素来加大对自己—他人所拥有物品的评价上的差异，发现实验参与者对于他人拥有物品被消极评价时比被积极评价时有更多的积极情绪反应。这反映了拥有者效应的极端情况，人们会通过低估甚至是消极评价他人所拥有的物品进行自我提升。

对于金融理财结果而言，一个人拥有的股票的收益和损失可被看作积极一面和消极一面。本研究将关注"虚拟拥有"对股票结果认知评价的影响。首先，通过"提高自己积极一面，或者降低消极一面"这种改变对自己拥有事物的认知来自我提升，个体会对自己拥有股票的结果具有积极的预期。也就是说，个体期望拥有股票上涨，不期望股票下跌。自己拥有股票下降可以被看作威胁个体的事件。根据自我提升理论，人们也需要削弱与自己有关的消极一面，人们会不期望自己所拥有的股票下降这样的情况发生，也就是说，自己拥有股票下降是一个给个体带来冲突感体验的情况。

通过"贬低他人积极一面，或者期望他人消极一面"来改变对他人拥有事物的认知来自我提升，个体会对他人拥有的股票的结果具有消极的预期。当面对他人拥有的股票上涨的时候，受到"贬损/低估他人"的影响（Fein et al., 1997），个体可能会内隐地对他人拥有的股票赋予一个低估的评价甚至是负性的评价，从而难以接受他人股票的上涨。此时，他人股票上涨是个体所不期望的。股票的下降（损失）对于自己拥有股票和他人拥有股票具有不同的意义。如前文所述，出于自我提升，个体不期望自己拥有股票下跌。同样也是出于自我提升，对他人拥有事物却是相反的态度。个体可以采用"贬损/低估他人"来认知他人拥有的事物。个体可能会内隐地低估他人拥有股票的结果。因此，个体是很接受他人股票下跌这种情况的。

本研究还关注另外一个重要变量是选择权的作用。选择的作用已经被研究了几十年，研究者普遍认为选择具有渴望性和权力感（Iyengar et al., 1999）。体验自由选择能够增强人们对所选择活动享受、喜欢的程度，并延长对所选活动的持续时间（Zuckerman et al., 1978）。选择能够导致个体的个人控制感（Rotter, 1966; Taylor, 1989）。即使那些很微弱的选择行为（Langcr et al., 1976）甚至是选择错觉（Langer, 1975）都可以提升个体的内部动机（De Charms, 2013）。当人们在两个看起来差不多都比较吸引人的选项之间选择时，他们对已被选择的选项比被拒绝的选项评价更加积极和正性，这样可以强化自主性（Brehm，1966）。涉及客体评价范畴，如对物品的偏爱态度，即使在选择行为没有实际发生过，甚至仅仅是个体的错觉时，选择权的作用依然能够导致偏好的提升。选择引发对个体已选客体的偏好提升的现象，被称之为选择者效应（Huang et al.，2009）。其中，我们对没有实际发生的选择行为，也就是仅通过想象或者被告知"你已经完成了选择过程"的选择，定义为虚拟选择。

对于金融理财结果而言，一个人选择股票的收益和损失能够被看作是积极一面和消极一面。虚拟选择对股票结果认知评价的影响可以与对客体评价的影响效应类似。自己选择的股票上涨，是积极结果，反映了个体的优良决策。个体非常接受"自己选择股票上涨"这样的情况，却一般难以接受"自己选择的股票下跌"这样的情况。当面对他人选择的股票上涨时，因为他人的选择权也属于"他人"概念范畴中的一部分，受到"低估他人"的影响，个体可能会内隐地对他人的决策结果，如选择的股票结果赋予一个低估的评价。因此，个体难以接受"他人选择的股票上涨"。"他人选择的股票下跌"符合个体"低估他人"的倾向。与"自己选择的股票下跌"相比，个体较容易接受"自己选择的股票下跌"。

对于金融理财结果而言，选择权是否能像拥有权那样对股票结果的认知评价产生影响还有待研究。与普通物品的客体评价不同，选择权与拥有权对结果评价影响力度的差异性可能会被放大。首先，物品本身的价值不具有变化性，因此，个体对物品价值的估计不存在"期望"的过程。股票结果的评价暗含一个在结果出现之前的个体期望。其次，股票包含结果效价这个概念，而普通的小商品却没有。理财结果评价包含了股票结果积极效价（股票上升）和消极效价（股票下降）。这与对以往大多数研究中的客体评价有很大不同。客体评价中的物品是中性效价或者包含微弱的正性效价（物品价值 5 元左右）。最后，普通物品与股票结果的价值差异很大。物品本身的价值有限（大多以 5 元左右的物品作为实验材料，如杯子、小蛋糕、糖果等），而股票结果的损失收益动辄成百上千元。因此，就最后一点而言，股票这种具有高金钱价值属性的客体更能够凸显利益关系，而拥有身份是利益的最大受益人，选择身份则与实际获得的利益无关。由此推断，拥有权可能比选择权和对股票结果的认知评价具有更大的影响。以往物品评价的研究是发现选择权效应强于拥有权效应，因为选择体现了个人意志。个人意志比个人所拥有的财物更接近个体的自我概念。在自我概念系统里面，与自我关系最近的概念（选择身份所代表的个人意志）对客体评价的影响比对与自我关系较远的概念（拥有身份所代表的个人财产）的影响要大。在金融理财情景下，对股票的选择权代表了个人的决策能力，结果的好坏影响个人的决策声誉。对股票的拥有权代表了个人的私人利益，结果好坏影响个人的资金变动。

⊙ 第三节　内隐联想测验

本书模拟股票购买范式受到一个采用内隐联想测验 IAT 的物品评价研究（Huang et al.，2009）范式的启发，将自己或者他人拥有的物品分别与积极形容词和消极形容词相匹配，人们对"相容任务：自己拥有的物品 + 积极词汇，他人拥有的物品 + 消极词汇"的反应速度要显著快于"不相容任务：自己拥有的物品 + 消极词汇，他人拥有的物品 + 积极词汇"。无论是在相容任务还是在不相容任务中，都有两组概念的组合。在 IAT 实验中，研究者只能得出对组合的反应快慢，但无法拆开进行细致的探讨。也就是说，这个研究无法给出人们究竟是通过提升自己所拥有物品的评价，还是通过贬损他人拥有物品的评价，最终提高对"他人拥有的物品 + 消极词汇，自己拥有的物品 + 积极词汇（不相容任务）"的反应速度。也无法确定人们是冲突于"自己拥有物品被消极评价"，还是冲突于"他人拥有物品被积极评价"，最终导致对"自己拥有的物品 + 消极词汇，他人拥有的物品 + 积极词汇"的反应速度降低。因此，个体在相容任务与不相容任务之间的真实态度并不能够确定究竟是对哪一个概念词的。

本书采用的模拟股票购买范式可以分别记录实验参与者对上述概念词（自己拥有，他人拥有）与结果效价（涨跌）组合的反应。范式要求让实验参与者完成与考察内容（结果评价）不相关的实验任务（角色身份判断）。因变量是个体对不同角色身份的股票结果输赢的内隐态度，因变量的指标是个体对不同角色身份的判断正确率和反应时。本范式先呈现的"概念词（理财角色身份）+ 属性词（股票的涨跌）"组合，后记录实验参与者在角色身份判断任务上的反应时，进而反映了个体对之前呈现的组合的敏感性。

范式的基本逻辑是如果个体接受理财角色身份与结果之间的匹配组合，则对特定的组合反应快。如个体面对自己有关的获利结果（股票上升）比对自己有关的损失结果（股票下降）的情况更易接受，因此，耗费较少的认知资源，从而较少地占用个体做后续任务（对身份的判断，是自己还是他人）的反应时间。如果个体内隐地不接受某种身份——结果之间的匹配组合，这种冲突性会削弱个体后续任务的反应速度。如个体面对自己有关的损失结果（股票下降）比对他人有关的损失结果（股票下降）的情况更难接受，从而产生更大的冲突感，进而耗费更多认知资源，从而影响在后续的反应时任务（对身份的判断，是自己还是他人）的表现。

根据自我提升动机，拥有权和选择权都会影响我们对自己—他人股票结果的认知。我们假设：个体对与自己有关的结果（自己选择的，或者自己拥有的）无论输赢的反应都应该快于对他人的结果的反应。

⊙ 第四节　选择权和拥有权对股票结果认知评价的独立作用和交互作用

一、研究一的实验设计与流程

本实验采用 2（选择权：自己选择，他人选择）×2（拥有权：自己拥有，他人拥有）×2（股票效价：上涨，下跌）被试内设计。因变量为对角色判断的反应时。考察实验参与者在 4 类不同金融理财身份时（即"为自己理财""为他人理财""委托他人理财""观望他人理财"），观察股票涨跌后对角色身份判断的反应。

实验参与者为在网上招募的北京大学、北京农业大学等高校的大学生自愿参加。62 名北京大学学生 [34 男，28 女，平均年龄 $\pm SD$，（22.60±2.00）岁]，右利手，矫正视力正常。主试预约实验参与者时嘱咐实验参与者实验前一天不要熬夜、酗酒，要正常休息，实验时不要佩戴隐形眼镜，近视眼需要佩戴框架眼镜。实验通过伦理委员会审查。实验参与者在正式实验开始前先阅读实验说明并签署知情同意书，并被告知被试费是 40 元。

实验流程是阅读情景材料、决策判断反应时实验，以及填写事后问卷。首先，让实验参与者阅读打印好的纸质版本的实验情景，共 2 页。要求实验参与者先阅读并尽量想象自己在金融活动中所扮演的 4 种角色身份："为自己理财（'我选我有'）""为他人理财（'我选他有'）""委托他人理财（'他选我有'）""观望他人理财（'他选他有'）"。分别对应 4 类股票名称，"我选我有"的股票（名称代号是：A1，A2，A3），"我选他有"的股票（名称代号是：B1，B2，B3），"他选我有"的股票（名称代号是：X1，X2，X3），"他选他有"的股票（名称代号是：Y1，Y2，Y3）。通过一个简单的操作检验测定实验参与者是否熟记自己的角色身份。具体的实验材料如下。

实验材料 1：

欢迎参加本实验！

请认真阅读下面的文字、仔细想象描绘的情景，并回答问题：

近年，人们越来越重视理财投资，希望用现有的钱获得更多的收益。随之衍生出来的理财产品也是多种多样，如基金、股票、债券等。高回报也意味着高风险。理财成功可以获得收益，如果理财失败也需要承担相应的损失。

下面请想象当你扮演一些理财角色时所涉及的与理财产品有关的情景：

理财角色 1：你在股票市场中挑选了 3 只股票，决定出资购买它们，这些股票的代码是：

A1　A2　A3

也就是说，这 3 只股票是你掏钱，你决策的。

理财角色 2：有个人名叫小王，请你帮他 / 她选一些股票，你挑选了 3 只，由他 / 她来出资购买，这些股票的代码是：

B1　B2　B3

也就是说，这 3 只股票是别人（小王）掏钱，你决策的。

理财角色 3：有个人名叫小李，帮助你挑选了 3 只股票，你来出资购买这些股票，它们的代码是：

X1　X2　X3

也就是说，这 3 只股票是你掏钱，别人（小李）决策。

理财角色 4：有个人名叫小张，他／她自主挑选了 3 只股票，并出资购买它们，这些股票的代码是：

Y1　Y2　Y3

也就是说，这 3 只股票是别人（小张）掏钱，别人自己（小张）决策的。

请注意：上面 4 类股票的总投资额度相等，均为 10 万元。获益或者损失完全由出资方承担。

请花 2 分钟时间想象并记住这 4 类情景中各个股票的代号，它们将在接下来的实验中被使用。（从开始到这里是指导语第一页内容）

请回答下列问题：（从这里到最后是指导语第二页内容。实验参与者看完指导语后，被要求在第二页指导语上写出不同角色身份下股票代码的名字以确保实验参与者的记忆。此处是对理财情景想象的操作检验，为了确保实验参与者记住理财角色与股票之间的对应关系。）

你掏钱，你决策的股票代码是：＿＿＿＿＿，＿＿＿＿＿，＿＿＿＿＿

别人掏钱，你决策的股票代码是：＿＿＿＿＿，＿＿＿＿＿，＿＿＿＿＿

别人掏钱，别人决策的股票代码是：＿＿＿＿＿，＿＿＿＿＿，＿＿＿＿＿

你掏钱，别人决策的股票代码是：＿＿＿＿＿，＿＿＿＿＿，＿＿＿＿＿

在正式实验任务中，你将会进入不同情景观察股票的变化情况。在股票市场中，股票的获益或者损失是正常现象，我们将会用电脑模拟出股票的变化情况。请注意，这里每次股票出现涨跌情况都是在初始投资额 10 万元的基础上涨跌。

实验任务：屏幕上会出现一些股票代码，随后会出现股票的盈亏变化情况。最后会随机出现判断任务。你的任务是：对于你决策的这两类股票，要考虑该股票是你自己出资购买的，还是你朋友出资购买的。请在屏幕出现"出资？"的时候，按键盘指定的按键作答 [你出资按 n 键（左键），朋友出资按 m 键（右键）]。

请在 2 秒钟内作出选择！要求又快又准。

（到此处，材料结束）

材料 1 中理财角色出现的顺序根据选择权排列，"自己选择"在前，"他人选择"在后。具体顺序是："为自己理财（'我选我有'）""为他人理财（'我选他有'）""委托他人理财（'他选我有'）""观望他人理财（'他选他有'）"。

实验材料 2：

根据拥有权排列，"自己拥有"在前，"他人拥有"在后，将"理财角色 2"与"理财角色 3"调换了位置。具体顺序是："为自己理财（'我选我有'）""委托他人理财（'他选我有'）""为他人理财（'我选他有'）""观望他人理财（'他选他有'）"。

为减少实验材料中阅读角色身份顺序效应，31 名实验参与者阅读实验材料 1，另 31 名实验参与者阅读实验材料 2。

实验流程里的第二部分是在阅读完实验材料后，让实验参与者进行反应时任务。实验参与者被要求坐在距离电脑屏幕 80 cm 的位置。实验电脑采用 24 寸戴尔屏幕，intel（R）酷睿（Core）i7-3770CPU 的主机。采用 Matlab 软件呈现刺激材料。单个试次的流程是：先观察屏幕上出现的股票代码，对股票所述理财角色身份进行识别；接着出现该股票的结果，呈现涨跌百分比数字；最后是要求实验参与者对在第一步中出现的股票代码与自己的关系进行判断。身份判断任务中一半的试次出现有关这只股票的拥有权问题"出资？"（左键代表自己出资，右键代表他人出资），另一半的试次出现这只股票的选择权问题"选择？"（左键代表自己选择，右键代表他人选择）。在任务上的按键（左键、右键）进行了平衡（表 4-2）。

表 4-2　实验参与者在反应时任务中的分配表（实验材料与按键的平衡）

	实验材料 1	实验材料 2
左键对"自己"反应	16 名实验参与者	16 名实验参与者
左键对"他人"反应	15 名实验参与者	15 名实验参与者

在反应时任务中，每一个试次首先会给实验参与者呈现一个黑色背景的屏幕，中心有一个白色的十字标，呈现时长 500 ms。这是为了吸引实验参与者的注意力，让其集中在屏幕中央。随后呈现实验参与者事先记住过的 12 只股票中的一只，呈现 1000 ms。之后是一个随机空屏（黑色背景），呈现时间为400 ms。而后是呈现股票上升或者下降的趋势图，将图形呈现 1500 ms。所有股票的初始价格起点是一致的。以山大华特在 2012 年 9 月 3—7 日这 5 天的开盘价为参照基础（第 5 天与第 1 天相比，股票上涨了 5.6%），虚拟了后续 2天的开盘价趋势，总共是 7 天的变化趋势（图 4-1）。我们设定，最后股票上涨的价格与初始价格相比，上涨了 8% 左右。我们不采用当天的分时图是因为真实的股票分时图曲线变化抖动程度很大，图形中出现很多折线，可能增加了刺激加工的复杂性，干扰被试的整体加工。股票下跌的趋势与上涨的趋势正相反，下跌的幅度与上涨的幅度基本一致。

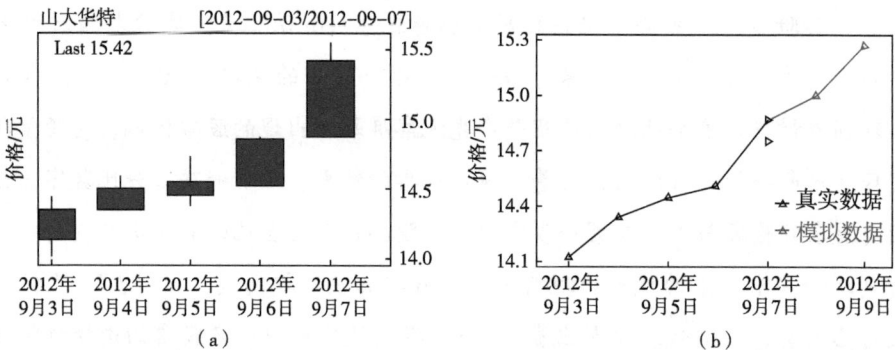

图 4-1　模拟股票涨跌图 [图（a）是山大华特 5 天的股值变化，图（b）是根据 5 天真实数据基础模拟出来的，深灰色代表真实数据，浅灰色代表模拟数据]

为了增加刺激材料的丰富性，以让实验情景更加真实，我们设定最终股票涨跌的变化（第 7 天的开盘价与第 1 天初始价格相比）比例为 3%～8%。随后，又出现一个随机空屏（黑色背景），呈现时间为 400 ms。其后，是询问实验参与者最开始呈现的股票和自己是什么关系，股票是属于自己拥有的还是他人拥有的（屏幕上呈现提示语："出资？"），是自己选择的还是他人选择的（屏幕上呈现提示语："选择？"）。每个试次的最后，屏幕上随机呈现上述两个问题中的一个。问题呈现时间是 2 s，被试可以在 2 s 内进行反应，问题屏在实验参与者反应后消失。如果实验参与者反应超时，则会出现"请保持注意力"的标语。实验参与者被要求如果是"自己"则按左键（n 键），如果是"他人"则按右键（m 键）。这个按键的顺序会在实验参与者之间进行平衡。最后，又是一个随机空屏（黑色背景），呈现时间为 300 ms。所有呈现的文字数字都是白色，宋体，32 号字。正式实验的单个试次的流程如图 4-2 所示。

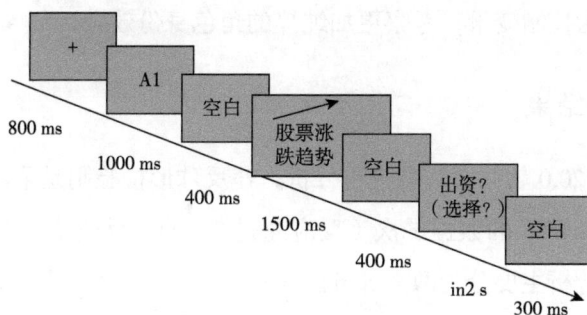

图 4-2　单个试次的流程

每个实验参与者将会完成的反应时任务有 3 次中间休息时间。实验总时长 30 分钟左右。8 个条件，每个条件是 54 个试次（其中，股票涨跌的额度为 3% ～ 8%，每种呈现 9 次），这些共有 432 个试次。此外，另有 48 个试次（8 个条件，每个条件出现 6 次）是不包含股票涨跌这一屏的，也就是让实验参与者直接看股票的名称，直接对身份判断作出反应，是为了尽可能控制实验参与者在多次行为反应时所形成的按键反应策略。在作数据分析的时候，这一部分并不作分析。整个实验任务的总试次数是 480 个（432 试次 +48 试次）。

在整个实验的设计过程中，我们对情景材料的呈现顺序进行控制是为了降低顺序效应的影响；对按键左右键的反应进行了实验参与者间的平衡，是为了降低按键反应倾向偏好的影响；对实验材料中"他人"与"自己"性别的控制，根据实验参与者的情况，让这两者性别保持一致，是为了减少"异性"与"同性"可能造成的反应差异。

在反应时任务中出现的理财角色和股票涨跌组合共 8 种条件，并不是完全随机出现的。我们根据前人的文献，对这 8 种条件的试次进行 M-sequence 的顺序呈现（Saenz et al.，2002），以便降低条件之间前后顺序的影响，平衡顺序效应。M-sequence 的逻辑是保证每个条件之前和之后出现的条件次数大致相等。M-sequence 比随机呈现更加有效，因其能够平衡所有条件之前和之后出现的条件的概率。

实验流程的第三部分是让实验参与者填写事后的问卷，主要涉及实验参与者的性别、年龄、教育背景（本科 or 研究生）这些人口统计学变量，在数据分析时将其作为控制变量，考察更加纯粹的角色身份效应。

二、研究结果

采用 SPSS 20.0 软件对数据进行分析，违反球形检验则是采用 Greenhouse-Geisser 矫正。2.15% 的数据试次（反应超过 2 s 的、反应错误的）均被删除。接下来的结果分析主要分为两大部分。

（一）第一部分研究结果：选择权与拥有权的反应时差异分析

在第一部分中，先不考虑股票涨跌这一因素，将涨跌结果的反应时的平均值作为因变量，考察选择权和拥有权对股票结果的影响。因为综合了股票涨跌的结果，因此，此处的反应时代表了个体对不同身份股票的敏感性大小。反应越快，表明敏感性越高。

1. 进行两因素重复测量方差分析

交互作用显著，$F(1, 61) = 44.741$，$P < 0.001$，η^2 partial=0.423。这说明在对股票结果的敏感性层面，选择权对拥有权具有调节作用。选择权主效应显著，$F(1, 61) = 20.297$，$P < 0.001$，η^2 partial=0.250。个体对自己选择的股票（M=689.756，SD=181.779）反应快于对他人选择的股票（M=775.73，SD=204.16），说明相对于他人选择的股票，个体对自己选择的股票更加关注。拥有权主效应显著，$F(1, 61)$=80.465，$P < 0.001$，η^2 partial=0.569。个体对自己拥有的股票（M=655.527，SD=197.83）反应快于对他人拥有的股票（M=809.957，SD=198.10），说明相对于他人拥有的股票，个体对自己拥有的股票更加关注。这些结果与自我提升动机理论相一致，个体更加关注与自己有

关的事物。

2. 分别固定选择身份时的差异性检验

首先，简单效应分析显示，当选择者都是自己时，相比他人拥有的股票涨跌结果（M=743.05，SD=196.75），个体对自己拥有股票的涨跌结果（M=636.46，SD=166.81）反应更快，$F(1，61)$=42.67，$P < 0.001$，η^2 partial=0.41（图 4-3）。这表明，即使股票都是自己选择的，个体仍然更加关注自己拥有的股票结果，存在拥有者效应。这与前人发现的在小商品偏好态度评价上的选择与拥有交互作用的结果不一致（Huang et al.，2009）。当客体评价中的"客体"是一般小商品时，对于那些都是自己选择的物品，无论这个物品的拥有权属于自己还是他人，都不影响实验参与者对物品的偏爱程度。

在他们的研究中，因为采用的"拥有身份"是通过阅读情景材料，并让实验参与者想象的，并不是真实发生的拥有行为，因此，对所出现的拥有者效应定义为"仅仅拥有者效应（Mere Ownership Effect）"。我们的实验材料也与他们的研究类似，采用了虚拟的选择权和虚拟的拥有权，也就是说直接告诉实验参与者"你已经选择了 XX 股票，你已经拥有的 XX 股票"。因此，本研究中发现的拥有效应，精细化描述应为"仅仅拥有者效应"。

一般小商品不涉及较大的利益关系，而本研究金融背景下的理财产品是与个人利益密切相关的，并且一般金钱额度上相对较大的客体。因此，其"拥有权"的意义更加重要。所以，本研究的结果表明，虽然都是自己选择的理财产品，自己拥有的理财产品（比他人拥有的理财产品）更受到关注。这提示了在金融理财活动中，相比"选择权"，"拥有权"更加重要。

其次，当选择者都是他人时，相比他人拥有的股票涨跌结果（M=876.87，SD=189.47），个体对自己拥有股票的涨跌结果（M=674.59，SD=218.86）反应更快。拥有者主效应显著，$F(1，61)$=95.46，$P < 0.001$，η^2 partial=0.61（图 4-3）。这表明，当股票都是他人选择的，个体更关注自己拥有的股票，出现了经典的拥有者效应。根据上文所述，本研究中的拥有权并不是实际的行为，而仅仅是想象材料中的虚拟拥有权。因此，这部分结果发现的应该称之为"仅仅拥有者效应"。这和拥有者效应最开始的提出者的研究（Beggan，1992）

结论相同，这同时也验证了本范式研究结果评价的效度。

再次，当拥有者都是自己时，他人选择的股票涨跌结果（$M=674.59$，$SD=218.86$）与对自己选择股票的涨跌结果（$M=636.46$，$SD=166.81$）反应时差异不显著，$F_{(1, 61)}=3.48$，$P=0.067$，η^2 partial$=0.05$（图4–3）。这表明，对于理财产品而言，无论是自己选的还是别人给自己选的，只要是自己拥有的，自己都同样关注。也就是说，对于都是自己拥有的股票，选择者效应消失了。这同上述的"我选我有"与"我选他有"角色身份对比结果（即使股票都是自己选择的，个体仍然更加关注自己拥有的股票结果，存在拥有者效应）所要说明的内容一致：在对股票结果敏感性上，"拥有权"的作用强过了"选择权"的作用。换句话说，从这两个简单效应分析的结果，并结合拥有权主效应显著的结果，拥有权对结果评价的影响比选择权更加稳定。

最后，当拥有者都是他人时，相比他人选择的股票涨跌结果（$M=876.87$，$SD=189.47$），个体对自己选择股票的涨跌结果（$M=743.05$，$SD=196.75$）反应更快，拥有者主效应显著，$F_{(1, 61)}=43.39$，$P<0.001$，η^2 partial$=0.42$（图4–3）。这表明，当股票都是他人拥有的，也就是说没有拥有权因素干扰的情况下，个体更关注自己选择的股票，出现了仅仅选择者效应。根据自我决定理论，选择带给人积极体验。自己的选择也是自我概念的一部分，个体对自己选择的事物给予积极反应也是自我提升动机的体现。因此，在理财产品这一金融客体评价层面，也存在"仅仅选择者效应"。这与前人发现的"仅仅选择者效应"，表明当都是他人拥有的股票，我做出的选择会令我自己更有参与感，揭示了选择者效应的广泛存在性。

总的来看，虽然看到股票名字后没有让实验参与者立即对"人—股票"关系进行判断，而是紧接着呈现刺激（股票涨跌），再对角色身份进行判断，但这并不影响拥有者效应或者选择者效应强有力的作用。

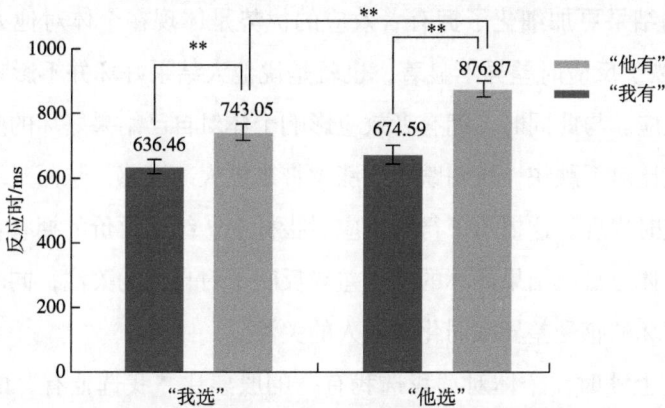

图 4-3　选择权和拥有权对股票结果的影响（见书末彩插）

注：**$P < 0.01$。

（二）第二部分研究结果：加入结果效价的差异检验

在本研究结果分析的第二部分中加入了结果效价（涨跌）这一因素。控制了年龄、性别、教育背景，对反应时进行重复测量方差分析：2（选择权：自己，他人）×2（拥有权：自己，他人）×2（结果效价：涨，跌）。三因素的交互作用不显著，$F_{(1, 61)}=0.286$，$P=0.595$，η^2 partial=0.005。因此，后续将结果拆分进行分析。

首先，在都是自己选择的股票中，进行 2（拥有权：自己，他人）×2（结果效价：涨，跌）的重复测量方差分析。两因素交互作用显著，$F_{(1, 61)}=5.47$，$P=0.023$，η^2 partial=0.082。

对"我选我有"的股票，上涨（$M=623.65$，$SD=162.43$）比下跌（$M=649.28$，$SD=172.69$）反应时快，$F_{(1, 61)}=37.01$，$P < 0.001$，η^2 partial=0.38。股票的下跌带来的冲突比上涨要大，这也非常符合结果对于人类行为活动的意义，人们总是更加敏感于负性刺激（如本文中的损失），尤其是与自己有关的负性刺激。对"我选他有"的股票，上涨（$M=738.86$，$SD=197.43$）与下跌（$M=747.26$，$SD=198.75$）反应时差异不显著，$F_{(1, 61)}=2.07$，$P=0.155$，η^2 partial=0.03（图 4-4）。在第一部分的结果发现，当面对都是自己选择的股票，个体对自己拥有的股票（比他人拥有的股票）更加关注，出现了拥有者效

应。此处的结果更加细化了拥有者效应的优势是体现在个体对他人的结果好（涨）坏（跌）反应时差异不显著，也就是说他人结果好坏并不影响个体对后续任务的反应。与此同时，拥有者效应影响个体对自己结果好坏的感受：对股票上涨反应比对下跌快，表明跌（比涨）带来更大冲突感，从而延缓了后续任务上的反应时表现。这揭示了行为反应时指标上，结果评价的拥有者效应的内在机制：个体对自己结果好坏的感受差异反映了对自我的关注，同时，弱化对他人结果好坏的感受差异来弱化对他人的关注。

股票均上涨时，个体对"我选我有"的股票比"我选他有"的股票反应时快，$F(1, 61)=50.25$，$P < 0.001$，$\eta^2 \text{partial}=0.452$。股票均下跌时，个体对"我选我有"的股票比"我选他有"的股票反应时快，$F(1, 61)=32.42$，$P < 0.001$，$\eta^2 \text{partial}=0.347$（图 4-4）。

①个体对"我选他有股票+上涨"比对"我选我有股票+上涨"反应显著慢（图中蓝色柱形条），个体对"我选他有股票+下跌"比对"我选我有股票+下跌"反应显著慢（图中红色柱形条）；②个体对"我选我有股票+下跌"比对"我选我有股票+上涨"反应显著慢（图中左侧一组柱形条），个体对"我选他有股票+下跌"与对"我选他有股票+上涨"反应差异不显著（图中右侧一组柱形条）。这些结果支持个体通过"降低对他人积极一面的期待来实现自我提升/自我关注"这个路径。因为从图 4-4 中可以看出，个体对他人积极结果（股票上涨）远比对自己积极结果（上涨）的反应要慢得多，甚至慢到了和他人消极结果（股票下降）一样的程度。也就是说，我们弱化了对他人结果好与坏之间的差异，表现出对他人冷漠的反应，从而达到更多的自我关注。

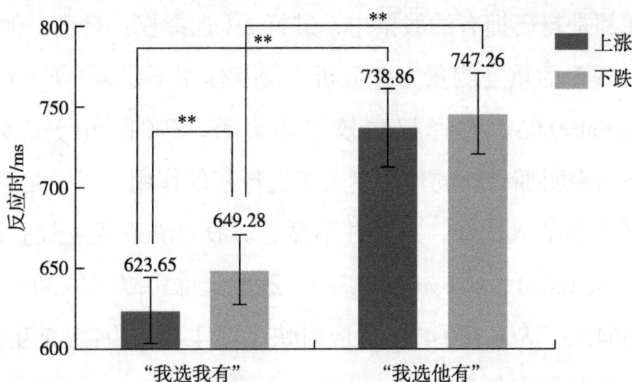

图 4-4　"我选我有"与"我选他有"股票上涨下跌的差异模式（见书末彩插）

注：**$P < 0.01$。

其次，在都是他人选择的股票中，进行 2（拥有权：自己，他人）×2（结果效价：涨，跌）的重复测量方差分析。交互作用不显著，$F_{(1, 61)}$=1.45，P=0.232，η^2 partial=0.023。因为交互作用不显著，因此不再进行简单效应分析。股票涨跌的主效应不显著，$F_{(1, 61)}$=1.88，P=1.75，η^2 partial=0.03。拥有权主效应显著，$F_{(1, 61)}$=95.46，$P < 0.001$，η^2 partial=0.61。个体对"他选我有"的股票（M=674.59，SD=218.86）比"他选他有"的股票（M=876.87，SD=189.47）反应快（图 4-5），这支持了"仅仅拥有者效应"的存在。无论股票是涨还是跌，在股票都是他人选择的情况下，个体对自己的结果比对他人拥有的结果更加敏感，给予了更多的关注。

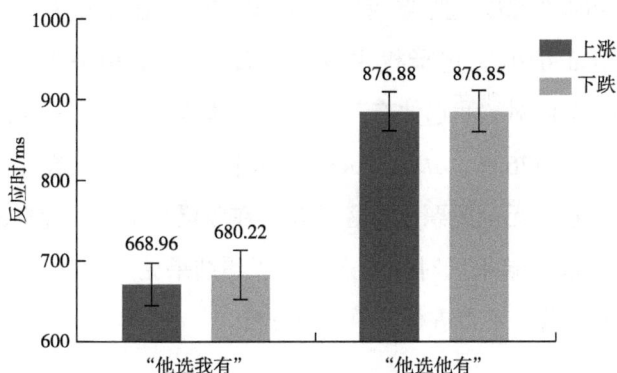

图 4-5　"他选我有"与"他选他有"股票上涨下跌的差异模式（见书末彩插）

再次，在都是自己拥有的股票中，进行 2（选择权：自己，他人）×2（结果效价：涨，跌）的重复测量方差分析。交互作用不显著，$F(1, 61)=3.23$，$P=0.08$，η^2 partial=0.05。选择权主效应不显著，$F(1, 61)=3.47$，$P=0.067$，η^2 partial=0.05，表明拥有权的作用遮盖了选择权的作用，只要是自己拥有的股票，自己选择还是他人选择，差异并不显著。股票涨跌的主效应显著，$F(1, 61)=24.03$，$P < 0.001$，η^2 partial=0.283。股票上涨（$M=646.302$，$SD=180.47$）比下跌（$M=664.75$，$SD=180.47$）反应时快（图 4-6）。因为交互作用不显著，因此不再进行简单效应分析。

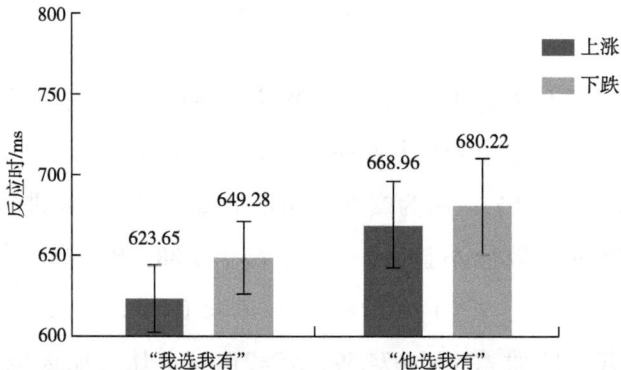

图 4-6 "我选我有"与"他选我有"股票上涨下跌的差异模式（见书末彩插）

最后，在都是他人拥有的股票中，进行 2（选择权：自己，他人）× 2（结果效价：涨，跌）的重复测量方差分析。交互作用不显著，$F(1, 61)=1.28$，$P=0.262$，η^2 partial=0.021。股票涨跌主效应不显著，$F(1, 61)=0.857$，$P=0.358$，η^2 partial=0.014。选择权主效应显著，$F(1, 61)=43.39$，$P < 0.001$，η^2 partial=0.416。个体对"我选他有"的股票（$M=743.05$，$SD=190.47$）比"他选他有"的股票（$M=876.86$，$SD=190.47$）反应快（图 4-7）。这支持了"仅仅选择者效应"的存在：无论股票是涨还是跌，在股票都是他人拥有的情况下，个体对自己选择的股票结果比对他人选择的股票结果更加敏感，给予更多关注。因为交互作用不显著，不再进行简单效应分析。

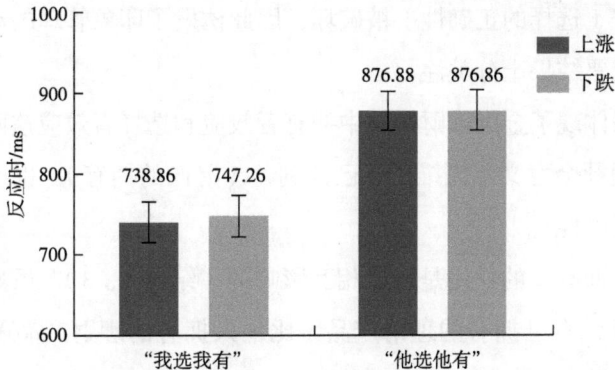

图4-7　"我选他有"与"他选他有"股票上涨下跌的差异模式（见书末彩插）

三、结果讨论

总的来看，第一部分结果是：

①相比我选择的他人拥有的股票，个体更关注我选择的我拥有的股票。即自己是选择者时，出现拥有者效应。

②相比他人选择的他人拥有的股票，个体更关注他人选择的我拥有的股票。即他人是选择者时，出现拥有者效应。

③个体对我选择的我拥有的股票与他人选择的我拥有的股票敏感性一致。简言之，自己是拥有者时，选择者效应消失。

④相比他人选择的他人拥有的股票，个体更关注我选择的他人拥有的股票。简言之，他人是拥有者时，选择者效应出现。

对理财产品的结果评价而言，拥有者效应的出现（结果2）意味着人们在经济行为中对自己利益的维护和关注。根据"理性经济人"假设，个人总期望个人利益的最大化，因此对自己拥有的资产变化非常关注。与此同时，自我提升理论驱动个体对自己的股票给予积极的期望（期望其上涨）。

选择者效应的出现（结果4）意味着人们在经济活动中也非常注意维护自己的声誉（选择的正确性）。受到自我提升理论的驱动，个体对自己选择的股票给予积极的期望（期望其上涨）。此外，选择，尤其是为他人选择的时候，个人的选择正确性会受到他人的评判。个体出于维护一个积极的自我形象，要避免决策声誉（选择的正确性）被破坏，因此诱发了印象管理的动机，从而对自己选择的股票结果十分关注。

上述结果体现了金融理财决策中拥有者效应和选择者效应这两种非理性偏差的现实心理社会意义：既维护自己的利益（财产的拥有），也维护自己的声誉（选择的正确性）。

选择权与拥有权的作用是可以相互影响的（结果1、3）。虽然都是自己选择的理财产品，自己拥有的理财产品（比他人拥有的理财产品）更受到关注（结果1）。当都是自己拥有的理财产品，无论是自己还是他人选择的，个体都同样关注（结果3）。这些结果反映了在结果评价的敏感性层面，拥有权作用强于选择权。换言之，个体面对理财产品这种与个人利益密切相关的客体时，拥有权的作用就凸显出来了。这提示了在金融理财决策中，相比"选择权"，"拥有权"更加重要。"利益＋自己"的联结比"决策感＋自己"更近。这是个体在身份判断任务上的结果，反映的是"概念"和"自己"之间联结的紧密程度。

然而，结果涨跌是如何影响我们对角色身份判断的快慢呢？我们内心建立起来的"身份"与"自我"之间的联结，会不会受到结果好坏的影响？于是，我们对本研究的第二部分结果进行如下讨论。

在本研究范式中，角色身份的股票涨跌的反应时差异如图4-8所示，我们不难发现，对于不受到拥有权干扰的选择权的主效应是显著的["仅仅选择者效应"，图4-8（e）]，但是股票效价，也就是涨跌主效应不显著，表现出在涨时的选择者效应与股票跌时的选择者效应差异不大。但这并不能证明人们在观察股票结果一屏时表现出对涨和跌都是没有差异的反应。这很可能是行为实验测量反应时的局限性。也就是说，我们需要采取更加直接的测量方式，用于记录更加敏感的指标。因此，我们在研究二中采用事件相关电位的技术手段，对毫秒级的脑电波反应进行记录。

对于不受到选择权干扰的拥有权的作用[都是他人选择时，"仅仅拥有者效应"，图4-8（d）]，股票涨跌主效应不显著。这表明拥有者效应足够强，并不受到股票涨跌结果的影响。这些结果都是对本研究结果一的更好补充，增加了结果效价因素的作用。

由图4-8（b）可看出，对"我选他有"的反应慢于对"我选我有"的股票结果的反应，这表明，在身份判断反应时任务中，对于都是自己选择的股票而言，个体对自己比对他人反应快，存在"基于我选的拥有者效应"。这与第一部分结果分析中对应的结论一致。同时，通过加入股票涨跌这一因素，结果显示：与对自己股票上涨的敏感性对比，个体降低了对他人股票上涨的敏感性。个体对他人积极结果（股票上涨）比对自己积极结果（上涨）的反应要慢得多，甚至慢到了与他人消极结果（股票下跌）一样的程度。这个结果揭示了/反映了"基于我选的拥有者效应"的机制：个体通过"削弱对他人积极一面的期待来实现自我提升/自我关注"这个路径，而这个路径属于"贬损他人来提高自己"的方式。其中，对"我选他有"股票结果涨跌反应没有显著性差异，这个结果表明，我们"贬损他人"的方式就是对他人结果好坏的冷漠，即弱化了对他人结果好坏的敏感性差异。这个结果也是对本研究结果一对应部分的有力补充，结果一仅仅发现了"基于选择的拥有者效应"，而此处的结果说明了其作用机制。

本研究结果一发现拥有权的作用强于选择权（图4-8），以至于只要是自己拥有的股票，无论是自己还是他人选择的都是一样敏感性，选择者效应消失。股票涨跌主效应显著说明，由于个人非常关注自己拥有利益的损益变化，这体现了人们在经济行为中对自己利益损失的关注。

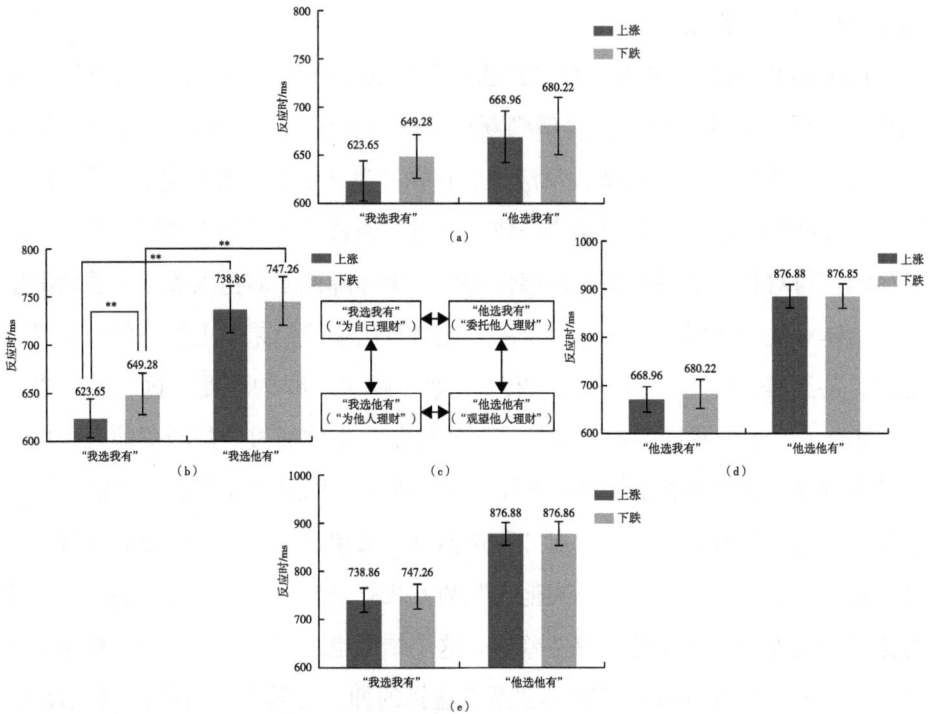

图 4-8　综合比较角色身份的股票涨跌的反应时差异（见书末彩插）

注：**$P < 0.01$。

在图 4-8 中，独立地来看 4 种理财角色身份，其中有且仅有个体对"我选我有"的股票涨和跌之间反应有显著差异，负性刺激代表金钱损失（下跌）比正性刺激（上涨）吸引实验参与者更多的注意，因为损失结果与实验参与者的预期不一致，因此吸引更多注意，会干扰后续实验参与者的角色判断反应。因此，负性刺激后的角色判断反应时比正性刺激后的判断慢（Wu et al.，2009）。同时，另外 3 种角色身份下的结果涨跌差异不显著，表明这 3 种角色身份与自己心理距离较远，对他们的输赢反应并不那么敏感。

简言之，本研究发现了选择权和拥有权独立作用，以及在理财产品的结果评价层面拥有权作用强于选择权。主要结果是，在都是自己选择的股票中，拥有者效应依然存在。在都是自己拥有的股票中，选择者效应已然消失。涉及选择权与拥有权交互作用的机制，具体而言，当面对都是自己选择的股票时，个体仅只对自己拥有的股票涨跌反应敏感，对他人拥有的股票涨跌反应不敏感。

　　本研究的局限性主要有两方面。首先，我们在实验数据的记录中，并没有区分不同的问题——判断拥有身份还是判断选择身份。我们只是记录了4类理财身份中的选择权与拥有权对角色身份判断的影响。但可能判断问题本身也存在一定的差异性。其次，对于本范式的效度，我们是通过结果第一部分中所发现的"仅仅拥有者效应"来验证其结果评价的有效性。但是毕竟从实验逻辑上来讲，是通过对角色身份判断任务的反应时来推测前几屏上呈现的刺激所带给实验参与者的心理感受。这种测量方式是内隐、间接的，我们无法知道当实验参与者看到股票涨跌那一屏出现的时候，心理最真实、最直接的反应是什么。因此，结合近年的心理学技术手段，我们采用事件相关电位的方法直接记录并分析实验参与者观察股票跌的同步的脑电。

第五章 / 股票结果认知评价的神经证据——事件相关电位研究

第五章介绍了第三章研究框架中的研究二。理财角色身份的影响作用的电生理证据研究（研究二），发现了"为自己理财"股票结果与"为他人理财"股票结果带给个体的"违反预期"的心理感受并不遵循拥有者效应。相反，人们对"为他人理财"结果比"为自己理财"结果更加敏感。当理财产品都是自己选择的情况下，拥有者效应非但消失了，还发生了逆转。

研究二 a 在研究一的基础上，仍采用 2（选择权：自己选择，他人选择）×2（拥有权：自己拥有，他人拥有）×2（股票效价：上涨，下跌）被试内设计，通过事件相关电位技术手段，以没有股票经验的大学生样本群体为研究对象，系统地考察股票涨跌的神经活动（脑电反应），尤其是考察角色身份之间的对比效应。本文采用 FRN 波（Feedback-related Negativity，反映结果违反预期的程度），作为结果评价这一因变量。研究二 b 招募具有股票买卖经验的实验参与者，重复了研究二 a，探讨理财经验对股票结果评价的影响。

⊙ 第一节　结果评价中的 FRN 效应：认知神经科学的研究视角

一、反馈相关负波的概念

本实验将借助事件相关电位的技术手段研究角色身份影响结果评价的问题。结果评价的神经科学研究主要涉及的脑电波成分是反馈相关负波（Feedback-related Negativity，FRN）。从 FRN 波的时程上看，它是在结果（反馈刺激）出现后的 200～400 ms 附近出现的一个负走向的脑电波。将 FRN 进行偶极子溯源分析，FRN 的脑区定位在前扣带回区域（Anterior Cingulated Cortex，ACC），以及内侧前额叶区域（Medial-frontal Cortex，MFC）（Gehring et al.，2002；Miltner et al.，1997）。

FRN 源于错误相关负波的研究：人脑存在一个能够及时发现错误，调整行为的错误觉察系统。Falkenstein 等人（Falkenstein et al., 1991）最先采用事件相关电位技术（Event-related Potentials, ERP）记录实验参与者在要求快速反应的 Flankers 任务中的脑电活动，如果实验参与者出现了错误按键，在按键后 100 ms 时间点左右出现明显的负性偏向成分并达到峰值，该成分在脑区位置上分布在额叶——中央区的电极点。他们将这个成分称之为错误负波（Error Negativity, Ne）（Falkenstein et al., 1991）。随后，研究者 Gehring 等人认为这个波（FRN）反映了人脑对错误反应的评价，应该被定义为错误相关负波（Error-related Negativity, ERN）（Gehring et al., 1993）。因为他们在实验中发现，当实验参与者努力提高反应正确性时，错误相关负波增大；而当实验参与者努力提高反应速度并忽略正确率时，错误相关负波减小。因此，他们认为 ERN 反映人类大脑中的行为监控系统，ERN 是一种探测错误反应有关的特异性脑成分。

随着 FRN 研究领域的深入，前期研究者们发现了错误相关负波 ERN，而后期研究者们发现了反馈相关负波 FRN。这二者是在不同类型的实验任务中被发现的。首先，对于 ERN 这种与错误有关的波，是发现于 Falkenstein 等人的快速反应时 Flankers 任务中。实验参与者知道判断任务的正确答案（要求按键时的正确反应）是什么，因此，实验参与者完成按键行为后，就知道刚刚的按键是否正确。也就是说，在快速反应时 Flankers 任务中出现的错误是属于实验参与者不小心的操作失误，是主观上能够避免的错误。其次，对于 FRN 是发现于另外一些与反馈有关的实验任务中。在这些实验任务中，实验参与者不能提前知道正确的反应是什么，或者实验参与者不能马上知道自己的按键反应是不是正确的，只能根据按键后的刺激/结果反馈。也就是说，在这些任务中，实验参与者一般不存在操作失误，而是事先不知道正确反应应该是什么。因此，所犯的错误是主观上不能避免的。有研究者发现在这类任务中，记录了正确反应的结果反馈和错误反应的结果反应的事件相关脑电位，发现在错误结果的反馈出现后的 250 ms 时间点左右出现与 ERN 的负波波形类似的波（Miltner et al., 1997）。这个 FRN 与错误觉察有关，同时也与反馈相关，被称为反馈相关负波（Feedback-related Negativity，FRN）。Li 等人在其关于反馈相关负波综述中将 ERN 与 FRN 进行区分，由错误按键反应（实验参与者知觉到的主观上可以避免的操作失误）诱发的相关负波（Response-locked ERN）；由反馈刺激（实验参与者知觉到的主观上无法避免的）诱发的负波（Feedback-locked FRN），如图 5-1 所示。

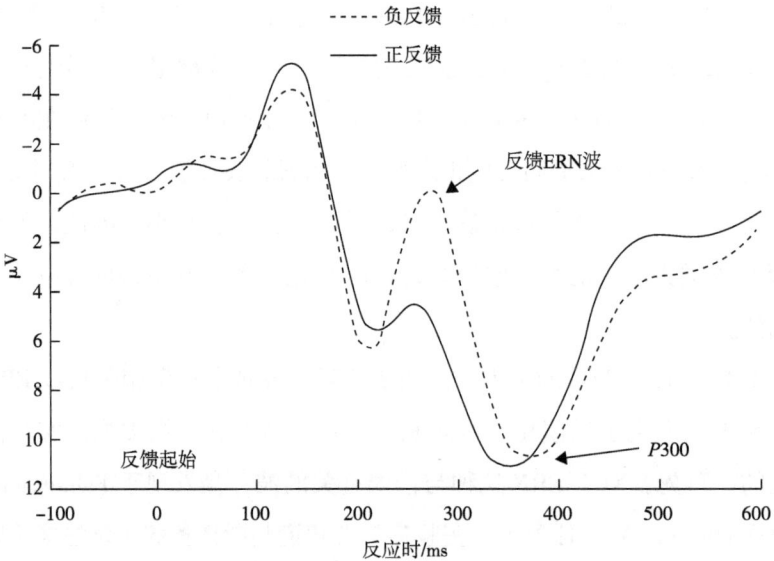

图 5-1　反馈相关负波（Nieuwenhuis et al.，2004）

除了上述 ERN、FRN 的命名定义外，后来还有研究者将类似的负波定义为内侧前额叶负波（Medial Frontal Negativity，MFN）。MFN 来自对金钱结果反馈的研究中。有研究者采用事件相关电位技术研究真实的金钱决策行为导致的反馈所诱发的脑电波反应（Gehring et al.，2002），如在输赢游戏中，输钱、赢钱两种结果反馈均诱发了在 250 ms 时间点左右的负波。其中，消极结果反馈（负性反馈，输钱）比积极结果反馈（正性反馈，赢钱）诱发波幅上更大的反馈相关负波。该研究的研究者们根据这个负波的源定位分析，发现该负波波峰分布在内侧额叶区域，从而将该负波命名为内侧前额叶负波。在 Gehring 等人的研究中，他们认为人脑神经系统对金钱损失收益的快速评价过程可以用 MFN 这个脑电生物指标来体现，本质上与 ERN、FRN 代表的意义相同。但不同的是，MFN 和 FRN 都是结果反馈相关的 ERP 成分，直接由反馈刺激诱发，统一命名为 FRN（Gehring et al.，2002；Hajcak，Moser et al.，2007）。在本领域的研究中，大部分研究者采用 FRN 的说法，因此，在本书中统一使用 FRN 来代表负性反馈。FRN 反映了大脑对反馈的结果是正性还是负性的监控识别系统。Li 等人（Li et al.，2008）在其关于反馈相关负波综述中明确指出了 FRN 效应的定义：相对于正性反馈，负性反馈引发的 FRN 波更负。

二、反馈相关负波的解释机制

有关 FRN 现象内部的神经机制主要有：强化学习理论和情绪动机理论。强化学习理论主张对反馈刺激的认知加工过程中产生 FRN（Holroyd et al.，2002），情绪动机理论指对反馈刺激的情绪意义的评价中产生（Gehring et al.，2002；Hajcak et al.，2007；Masaki et al.，2006）。

强化学习理论主张，人类大脑的神经系统在行为决策的结果反馈进行认知加工时产生 FRN（Holroyd et al.，2002）。因为反馈结果的出现给实验参与者提供了用于学习的有效信息，实验参与者根据反馈信息来影响后续的行为（Nieuwenhuis et al.，2004）。根据错误检测理论（Falkenstein et al.，1991；Gehring et al.，1993）和冲突监控理论（Miltner et al.，1997），FRN 体现了人们对错误、对认知冲突的信息敏感性。FRN 的源定位分布在 ACC 区域，而很多研究表明这个脑区是与冲突监控（Botvinick et al.，2004；Suchan et al.，2003）和自我控制（Posner et al.，2007）有关的。人们通过大脑中的冲突监控系统，检测到正确结果（积极反馈）和错误结果（消极反馈）之间的不匹配 / 不一致，从而对这种不一致产生 FRN。而这种不匹配越大，导致 FRN 脑电反应越大。

错误检测理论和冲突监控理论强调了 FRN 是一种反映反馈冲突的 ERP 成分。同这两个理论相比，Holroyd 和 Coles 等人提出的强化学习理论（Holroyd et al.，2002）能够解释人们根据反馈刺激来调整行为的心理过程，强调的是反馈刺激的行为强化、行为塑造作用。结果强烈违反个体预期，也就是个体预期之外的结果会引发更大的 FRN，这表明 FRN 反映了结果与预期之间的关系（Hajcak et al.，2005）。

另一个主要解释 FRN 的理论是情绪动机理论。消极结果（负性反馈）会让个体对其进行认知加工，同时也伴随情绪感受。情绪动机理论认为 FRN 反映了对负性反馈的情绪动机意义的评价（Gehring et al.，2002；Hajcak et al.，2007；Masaki et al.，2006）。有研究者在其金钱赌博游戏任务的 ERP 实验（Gehring et al.，2002）中发现，在同时存在金钱输赢这种类型的结果反馈和行为正确错误这种类型的反馈时，前者诱发了实验参与者的 FRN，而后者却没有。实验任务中实验参与者进行游戏选择，任务规定作出选择则是"错误的反应"，没有作出选择是"正确的反应"。但是，作出选择能够获得 5 元奖励，没有作出选择获得 25 元奖励。也就是说，反应的"正确与错误"与金钱奖励的"大与小"是矛盾冲突的。给实验参与者是赢钱还是输钱的反馈，负性反馈（输钱）诱发了明显的 FRN，表明 FRN 对金钱得失的敏感度。研究发现，实验参与者输钱后，倾向于选择更加冒险的行为（情绪因素的参与）。但是，对于作出选择这个"错误的反应"而言，并没有诱发 FRN。这似乎表明，FRN 并没有对行为正确或错误反应非常敏感。实验参与者输钱后行为更加冒险，这个证据与强化学习理论相矛盾，因为根据强化学习理论，输钱后应该规避冒险行为。因此，Gehring 和 Willoughby 认为 FRN 反映了反馈结果引发的情绪动机意义的快速评价（Gehring et al.，2002）。

后续研究者 Nieuwenhuis 等人（Nieuwenhuis et al.，2004）又对上述情绪动机假说进行了进一步的验证探讨。他们分别操纵了两个金钱损益的实验，一个强调金钱的损失获益（结果输赢），另一个强调行为结果的正确与错误（结果正误）。他们的研究发现，如果强调金钱损益，则损益诱发 FRN 更大，如果强调结果正误，则正误诱发 FRN 更大。其他研究发现，个体作为一个局外人、观察者，不参与实验任务，对他人的结果损益也会表现出显著的 FRN（Hewig et al.，2008；Yeung et al.，2005）。根据强化学习理论（Holroyd et al.，2002），FRN 反映的是大脑系统监控个体自身行为决策的过程，存在于个体实际的行为决策中。但当实验参与者观察游戏中的他人的金钱损失和金钱收益，而自己不进行决策反应时，也能表现出显著的 FRN（Fukushima et al.，2006；Leng et al.，2010；Qiu et al.，2010）。这也就是说，当与喜欢的结果相比较时，不喜欢的结果会激发更加明显的 FRN 波（Gehring et al.，2002；Nieuwenhuis et al.，2004）。FRN 与游戏结果的动机显著性有一定的关系（Gehring et al.，2002；Yeung et al.，2005）。

另外，支持情绪动机假说的证据来自 FRN 的源定位分布的脑区——ACC。很多研究发现 ACC 参与大脑的高级认知活动，也参与情绪体验、情绪感受、情绪表达（Kaul et al.，2000）。有研究者认为这两种理论应该是相互补充而非相对而言的（Nieuwenhuis et al.，2004；Yeung，2004）。

三、反馈相关负波与结果评价

很多结果评价领域的认知神经科学的研究采用事件相关电位技术记录各种结果反馈刺激诱发的脑电波（Itagaki et al.，2008；Leng et al.，2010；Yu et al.，2006）。由于 FRN 是个体对于决策过程中结果反馈的 ERP 特异性成分，因此对于决策加工中结果反馈研究也称作结果评价研究，是人类大脑认知系统对个体的决策或行为所导致的结果的反馈进行快速评价的过程（Yeung et al.，2004）。人们对结果进行评价，能够为决策过程中各种因素进行权衡和比较，将决策中的预期与实际结果进行比较，通过对结果反馈的评价来积极影响后续的决策行为（陈晶 等，2011）。在微观经济学领域的金融决策研究中，正性反馈（获益）和负性反馈（损失）是最常见的两类结果评价。正性反馈对个体和群体的行为发展具有重要作用，对激发个体学习动机、调整对环境的适宜性反应等具有重要意义（Haber et al.，2009）。反馈刺激，也就是结果的强度（金钱金额大小）、结果与预期的一致性、结果的效价（金钱输赢）等都会影响结果评价（Hajcak et al.，2005；Sato et al.，2005；Yeung et al.，2004）。从社会情景出发，较复杂的社会认知和情绪因素，如评价者与被评价者之间的人际关系、评价者的人格特点、评价者的情绪状态等也会影响结果评价（Fukushima et al.，2006；Leng et al.，2010）。本文从更复杂的金融情景出发，研究金融背景下理财身份对结果评价的影响，有利于为真实的经济决策行为提供一定的证据。

➔ 第二节　结果评价的研究范式

一、时间估计任务

时间估计任务应用在早期 FRN 的研究中，任务的过程是让实验参与者根据声音提示来估计一秒钟的时间，并以自己感觉一秒钟结束的时间点作出按键反应，随后，给实验参与者呈现其对这一秒的时间估计是否正确的反馈信息。在这个实验任务中，实验参与者根据前面试次的反馈来不断调整自己对一秒钟的时间估计，并不断地提高估计的准确性。实验参与者的反应在一秒钟左右的都算作正确，超出范围太大算作错误。脑电研究表明反应错误诱发的脑电波比反应正确诱发的脑电波有更多的负走向（Miltner et al., 1997）。

二、真实金钱博弈任务

金钱博弈任务也称为简单的赌博游戏，采用电脑程序记录实验参与者的选择并呈现选择后的赌博输赢结果的模拟真实的赌博游戏的实验范式。在一些研究中使用的该金钱博弈任务会记录每次的输赢结果，累积起来作为实验参与者参加实验的报酬，或者与报酬成比例相关。研究者采用这个范式来研究人们在看到输赢结果一屏对结果评价的脑电活动。经典的赌博游戏任务是让实验参与者从两个额度大小不同的选项中选择要看哪种选项后的结果（Gehring et al., 2002）。实验流程先给实验参与者提供两个选项，如 A（5 美分）和 B（25 美分），实验参与者选择其中一个（如选择 A）。其次，屏幕会对被选择的选项进行图示标注，用于显示实验参与者选择的选项（将选项 A 高亮）。最后，呈现所选选项对应的结果是输钱还是赢钱（如 A 选项输钱，意味着实验参与者输了 5 美分）。在这个实验流程中，研究者最关注呈现结果那一屏的脑电波。这个经典的金钱赌博范式简单清晰，方便使用，适合脑电和核磁技术手段的研究。后期很多研究结果评价的 FRN 的范式是在此任务范式基础上更改的。

三、人际互动决策任务

对于结果评价，在结果出现之前的决策过程是对后续结果评价有影响的。上述赌博范式是不涉及人际互动的个体自行决策并观察结果，或者个体观察他人自行决策并观察结果。然而，在现实生活中，多人合作进行决策并同时观察自己、他人的结果是很常见的情景。其中比较成熟的范式是最后通牒（Ultimatum Game，UG）（Camerer et al.，1995；Oosterbeek et al.，2004）。最后通牒范式是通过呈现真实的人际互动场景设置了社会背景下的一些心理变量，如人际关系亲密度（朋友、陌生人等），同时创设公平情景和不公平情景，最大限度模拟真实社会情景中经济决策行为的研究（Güth et al.，1982）。最后通牒中的博弈对家分别称作分配方案的提议者（Proposer）和反应者（Responder）。经典的最后通牒范式是要求两名匿名者参与，这两名参与者需要分配一份定额的金钱。扮演提议者身份的实验参与者提出分钱方案，而扮演反应者的实验参与者作出响应，决定是接受提议者的方案还是拒绝该方案。若反应者接受该方案，则博弈双方根据该方案进行金钱分配；若反应者拒绝该方案，则双方都无法分得这笔金钱。接受方案是双方都有获益，而拒绝方案是双方都没有获益。但这是客观利益上的结果，拒绝方案在主观感受上可以看作是反应者对提议者的惩罚。经济学中的"理性经济人"假说认为，双方都应该追求拥有个人的利益，因而只要提议者的方案有给予反应者一定额度的金钱，无论这个额度是多大或者多小，反应者都可以拿到钱，所以都应该接受该方案。但是，当考虑到心理因素的作用时，出现了实际的结果：提议者提出的方案给反应者的平均金额小于总额 20% 的分配方案会被反应者拒绝（Camerer，2003；Kahneman et al.，1986）。通常，大部分的提议者提出的方案是给反应者的平均金额占总额的 30% ～ 40%（Thaler，1988；Weg et al.，1993）。所以，最后通牒游戏范式是反应者对提议者的结果（所得金额）、反应者的结果（所得金额）评价权衡而作出决定。

◉ 第三节 理财角色身份对股票结果认知评价的神经证据

一、研究二的研究背景

行为实验的方式发现的理财角色身份对股票结果的内隐态度，属于间接的测量方式，相比外显的测量方式而言，反映了更加准确的认知评价和态度。然而，这种间接的方式得出在反应时实验参与者对"角色身份＋股票涨跌"组合反应快慢。但第四章无法探测到实验参与者在看到股票上涨下跌那一时刻真实的心理反应。第五章采用事件相关电位的技术手段可以实时测量实验参与者在做实验任务时的脑电波情况。我们采用"违反预期"的程度作为反应结果评价的一个指标，也就是本研究的因变量。研究实验参与者在观察股票结果时，其本身的理财角色身份对股票结果违反预期程度的影响。

在以往用电生理技术探讨结果评价的文献中，很多证据表明反馈相关负波（Feedback Related Negativity，FRN）反映了评估一个人的损失或者获益时的神经机制（Hajcak et al.，2005；Hajcak et al.，2007；Luu et al.，2009；Sato et al.，2005；Toyomaki et al.，2005；Yeung et al.，2005；Yeung et al.，2004；Yu et al.，2006）。结果评价的范式中，实际结果（如金钱的损失，赌博游戏中的输）与最初的期望（比如，金钱获益，赌博游戏中的赢）之间的差异会诱发FRN波，反映了在结果评价任务中的期望违反效应（Itagaki et al.，2008；Kang et al.，2010；Leng et al.，2010；Ma et al.，2011；Marcopallares et al.，2010；Yu et al.，2009）。FRN分布在大脑皮层的前部区域和中部区域，尤其是中线位置的电极点上，是一个负走向的波形，在接受结果反馈之后的 $200 \sim 400$ ms 波幅达到顶峰。FRN波越负走向，表明FRN效应越强。FRN是与个体所不喜欢的结果导致的负性反馈有关的波形。负性反馈包括了不正确的反应（实验中的反应错误），或者金钱损失，而不是那些积极的反馈（如反应正确），或者金钱获益（Gehring et al.，2002；Müller et al.，2005；Miltner et al.，1997；Yu et al.，2009）。FRN反映了一个快速的对反馈是积极还是消极的评价。FRN波幅度依赖于实际的结果和期望的结果之间的关系（Holroyd et al.，2002；Nieuwenhuis et al.，2004）。此外，Gehring 和 Willoughby（2002）强调FRN反映了认知监控系统里的对"出现错误"的情感上或者动机性的反应。这一点提示我们可以采用FRN来推测隐藏在结果评价背后的情绪反应。此外，为了减少FRN波形与一些负走向的ERP成分的重叠，研究者使用 Holroyd 和 Krigolson（2007）的方法，计算FRN的差异波。采用损失（Loss）诱发的FRN波减去获益（Gain）

诱发的FRN波，定义为在损失和收益之间的FRN差异效应，称其为d-FRN波。d-FRN波值越负，表示效应越强。

近10年来，有很多研究关注决策结果诱发的脑电反应受到一些社会背景因素的调节作用，如在评估人和决策人之间的人际关系中的熟悉度等（Kang et al.，2010；Ma et al.，2011；Ma et al.，2011；Marcopallares et al.，2010）。如在一个让个体去评估他人在赌博游戏中的表现（输赢结果）的实验中，自己通常是"评估人"，被评估的他人通常是赌博游戏的"决策者"。自己与他人之间的关系会影响我们评估他人的表现，而这种关系往往是社会背景下的，如朋友关系、陌生人关系。个体会对朋友的损失表现出同情的ERP波模式，而对陌生人表现不出同情的ERP反应（Fukushima et al.，2009）。同样地，有研究指出当个体自己不参与赌博游戏任务，而仅仅作为一个观察者时（也就是自己不涉及结果输赢时），对自己朋友损失的同情反应要强于对陌生人损失的同情反应（Ma et al.，2011）。自己和他人之间的熟悉度会诱发个体对朋友比对陌生人更多的动机性和敏感性，导致一个更大的FRN波，反映了我们对他人的关心程度是随着自己和他人之间的关系而变化的（Ma et al.，2011）。

本书关注的金融活动与一般意义上的社会关系背景有很大的不同。以往研究范式中的经济赌博游戏中的自己—他人之间的关系是基于社会关系的，而本书模拟股票投资游戏中的自己—他人是基于代理理财关系的。目前尚没有脑电方面的研究关注过在金融活动中，基于利益关系而构建起来的代理关系对结果评价的影响。以往研究中的社会背景关系是指实验参与者在参加实验前就已经存在的社会关系，如让实验参与者想象自己评判好朋友的金钱盈利或者损失。也有让实验参与者现场完成一个小的实验任务，通过小任务排名得出社会等级地位关系。我们的研究分析了理财代理关系中的"人"与"股票"之间的关系后，得出拥有权和选择权这两个因素两两组合，可以将金融背景下的理财问题简化为心理学领域实验室实验能够研究的问题。同时，为了考察人类加工理财信息的脑电波反应，我们采用了事件相关电位技术。

研究一的理论推导认为，自我提升理论可以通过选择权与拥有权影响对结果评价的内隐态度。第五章的自我提升理论同样可以通过选择权与拥有权影响个体对结果的预期程度。而我们通过将测量结果违反预期的程度作为因变量，反应个体对结果的认知评价。股票的下跌比上涨诱发更大的"违反预期"反预期波形。对每一类股票的损失诱发的 FRN 减去收益诱发的 FRN 后得出的 d-FRN 波形而言，自己拥有或者选择的比他人拥有或者选择的股票诱发更大的 d-FRN 波形。而选择权与拥有权的交互作用对股票结果预期的影响也值得研究。我们通过研究个体扮演多种金融角色时的脑电变化情况，探讨社会—神经—金融学这一交叉领域的问题。

研究二 a、研究二 b 通过采集实验参与者的脑电波，旨在研究拥有权和选择权独立的、交互的对股票结果产生的认知评价方面的影响，也就是研究个体自己或者他人拥有的股票涨跌所诱发的脑电波是否会受到个体选择权的调节。第五章的研究二 b 与研究二 a 的主要区别是采取了具有理财经验的实验参与者样本，在考察控制了样本（实验参与者）的理财经验的前提下，观察结果是否一致。

研究二 a、研究二 b 实验范式上基本与第四章一致（图 4-1、图 4-2），这样的实验范式的优势在于实验参与者首先看到股票的名字（第二屏），立即联想到自己和股票的关系（自己是拥有还是选择等）。我们没有设置立即让实验参与者看到股票名字就完成身份判断任务（第六屏），是因为我们需要将这种身份保留在整个股票变化的过程中。因此，实验参与者看完股票名字，立即观察股票涨跌变化（第四屏），最后进行身份判断（第六屏）。

主要的变动是：①采用脑电的技术手段记录实验参与者观察股票变化屏的脑电波；②为了保证后期 ERP 数据的有效分析，在实验程序上将股票涨跌的呈现方式改成了更为简单直接的数字涨跌比例，并同时对涨跌的试次数目进行了调整；③为了符合 ERP 数据采集和分析的标准，我们将脑电实验程序的刺激之间的时间间隔和呈现时间进行了调整。

二、研究二的研究设计与实验流程

本研究实验范式是在真实金钱博弈任务的基础上设计的模拟股票购买范式。在阅读材料中使用想象情景模拟股票选择和购买，实验参与者需要想象 4 种理财角色身份，并熟记每种角色对应的股票名称。阅读情景材料后，实验参与者的行为反应时任务是在观察股票涨跌变化的过程中，对股票对应的理财角色进行判断。在这个任务中，实验参与者先看到股票名称，随后观察股票涨跌，最后判断自己与出现的这只股票之间的关系（股票是自己选择的还是未选择的，是自己拥有的还是不拥有的）。本范式中的"想象选择"与"想象拥有"分别模拟了在股票市场中的挑选股票和出资购买股票，"观察股票变化的过程"模拟了股票市场的变化。股票市场的变化具有个体无法操控的特性，我们会利用电脑程序控制股价的变化（如涨跌的幅度大小），从而"控制正负反馈比例"。虽然想象情景是一个相对弱生态效度的实验情景，但基本逻辑是"符合现实金融场景"的。并且，在弱情景下观测到的效应能够一定程度上反映效应的强度和稳定性。其中，该范式可以保证实验参与者在整只股票的观察过程中一直明确这只股票和自己的关系。同时，本书设定的每次股票结果出现都是独立的，前后不相关的，不能累积的，因此排除了"个体根据结果反馈调整自己的行为"这个决策过程。

采用三自变量被试内设计：2（选择权：自己，他人）×2（拥有权：自己，他人）×2（股票效价：上涨，下跌），测量实验参与者在 4 类不同金融理财身份中（即"为自己理财""为他人理财""委托他人理财"和"观望他人理财"），观察对应的股票涨跌时的脑电信号。采用股票下跌减去股票上涨的反馈关联差异波（FRN 效应）作为本研究关注的脑电波指标，考察在选择和拥有情况不同组合条件下的脑电波反应。

实验参与者情况：22 名北京某高校大学生 [9 男，13 女，平均年龄 ±SD，（21.40 ±1.73）岁]，全部没有股票经验。右利手，矫正视力正常。主试预约实验参与者时嘱咐实验参与者实验前一天不要熬夜、酗酒，要正常休息，实验时不要佩戴隐形眼镜，近视眼需要佩戴框架眼镜。实验通过伦理委员会审查。实验参与者在正式实验开始前先阅读实验说明并签署知情同意书，并被告知被试费是 90 元。实验符合伦理标准和《世界医学协会赫尔辛基宣言》。

实验流程：情景材料、脑电实验，以及事后问卷。

与研究一类似，首先，让实验参与者阅读打印好的纸质版本的两页实验情景（见研究一实验材料）。同样地，为了减少实验材料中角色身份的顺序效应，我们在实验参与者间进行了平衡（表5-1）。大约一半的实验参与者（13 名）阅读情景实验材料 1（同研究一的实验材料 1），其他的实验参与者阅读实验材料 2（同研究一的实验材料 2）。具体的情景材料与研究一相同（见研究一实验材料 1 部分）。

在阅读完实验材料后，让实验参与者在单独的实验室机房电脑上进行脑电实验。实验参与者被要求坐在距离电脑屏幕 100 cm 的位置。实验电脑采用 24 寸戴尔屏幕，intel（R）酷睿（Core）i7-3770CPU 的主机。采用 Presentation 软件呈现刺激材料。正式实验之前，实验参与者预先进行一个 5 分钟左右的练习实验，确保对按键的练习。我们要求实验参与者观察股票变化的情况。在纸版材料启动与后续反应时任务之间，有指导语相连接："下面，将开始一个角色身份判断的任务，同时，请关注这些股票的变化情况。"在上述两组阅读材料的实验参与者中，又对其在任务上的按键（n 键为左键、m 键为右键，用右手的食指和中指进行反应）进行了平衡（实验参与者按键顺序平衡见表5-1）。

表 5-1　实验参与者在反应时任务中的分配表（实验材料与按键的平衡）

	实验材料 1	实验材料 2
左键对"自己"反应	6 名实验参与者	5 名实验参与者
左键对"他人"反应	7 名实验参与者	4 名实验参与者

在反应时任务中，每一个试次首先会给实验参与者呈现一个黑色背景的屏幕，中心有一个白色的十字标，呈现时长 500 ms。这是为了吸引被试的注意力，让其集中在屏幕中央。接着是一个随机空屏（黑色背景），呈现时间为 200 ~ 400 ms。随后呈现实验参与者事先记住的 12 只股票中的一只，呈现 1000 ms。而后是一个随机空屏（黑色背景），呈现时间为 200 ~ 400 ms。之后是呈现股票上升或者下降的百分比，如 3% ↑，6% ↓。股票涨跌的变化比例为 1% ~ 9%。股票结果呈现屏是本研究记录 ERP 的关键屏。与研究一相比，我们改用了数字形式呈现股票涨跌大小后，呈现时间也由 1500 ms 改为

800 ms。随后，又是一个随机空屏（黑色背景），呈现时间为 200 ～ 400 ms。随后是询问实验参与者最开始呈现的股票和自己是什么关系，股票是属于自己拥有的还是他人拥有的（屏幕上呈现提示语："出资？"），是自己选择的还是他人选择的（屏幕上呈现提示语："选择？"）。每个试次的最后，屏幕上随机呈现上述两个问题中的一个。问题呈现时间是 2 s，实验参与者可以在 2 s 内进行反应，实验参与者反应后，问题屏消失。如果实验参与者反应超时，则会出现"请保持注意力"的标语。实验参与者被要求如果是"自己"则按左键（n 键），如果是"他人"则按右键（m 键）。这个按键的顺序会在实验参与者之间进行平衡。最后，又是一个随机空屏（黑色背景），呈现时间为 500 ms。所有呈现的文字数字都是白色，宋体，32 磅。正式实验的单个试次的流程如图 5-2 所示。

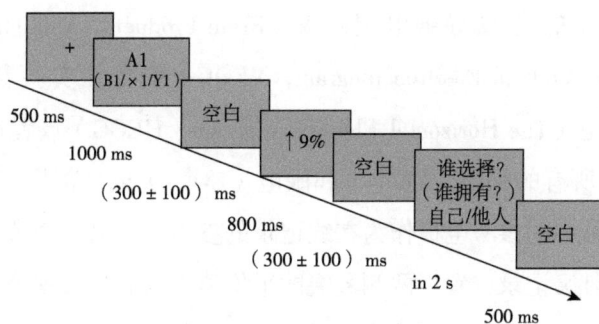

图 5-2 单个试次的流程

　　每个实验参与者将会完成的反应时任务根据实验参与者休息的时间拆成 4 个部分，每个部分之间有 5 分钟的休息时间，实验时长 40 分钟左右。8 个条件，每个条件是 70 个试次数。其中，股票涨跌的额度是 3%、4%、5%、6%、7%、8%、9%，每种呈现 10 次，我们不选择比例较低的 1% ～ 3%，是为了能够让上涨下跌的对比更加明显。这些共有 560 个试次。此外，另有 40 个试次（8 个条件，每个条件出现 5 次）是不包含股票涨跌这一屏的，也就是让实验参与者直接看股票的名称，直接对身份判断作出反应。是为了尽可能控制实验参与者在多次行为反应时所形成的按键反应策略。在做数据分析的时候，这一部分并不做分析。整个实验任务的总试次数是 600 个（560 试次 + 40 试次）。

实验任务结束后，实验参与者完成一个由两个量表组成的问卷，报告其主观感受。第一，让实验参与者完成一个 40 个条目的 Mini-marker 版本的大五人格量表（Saucier，1994），该量表由 5 个维度组成，分别是外倾性、宜人性、尽责心、情绪稳定性和开放性。这是一个被广泛使用的大五人格量表。5 个维度的克隆巴赫阿尔法信度系数在 0.79 ～ 0.90。第二，实验参与者完成一个 7 条目的观点采择能力量表（Davis et al.，1980），这个量表是从 Davis 人际反应指标（IRI）量表中选取的。该量表在本研究中的克隆巴赫阿尔法信度系数为 0.68。与研究一致，问卷也包括性别、年龄、教育背景（本科 or 研究生）等人口统计学作为控制变量，考察更加纯粹的角色身份效应，也让实验参与者自陈报告是否具有股票经验。

（一）ERP 数据采集

本研究使用的是 32 导脑电记录仪（Brain Products，Munich，Germany）。垂直眼电（The Vertical Electrooculogram，VEOG）安置在实验参与者右眼的上侧，水平眼电（The Horizontal Electrooculogram，HEOG）放置在左眼的左侧（外眼角处）。所有的脑电（EEGs）和眼电（EOGs）记录都根据两个参考点，一个是放置在鼻尖的参考电极作为在线记录的参考点，另一个参考点来自左耳后和右耳后的乳突记录位置，两侧乳突的平均值作为后期数据分析的离线参考点。在实验执行的过程中，所有电极的电阻都降到了 5 kΩ 以下。实验参与者的生理信号通过一个带宽为 0.016 ～ 100 Hz 的通道被放大器接收，同时在线采集频率是 1000 Hz。数据分析时，EEG 波截取的时间点从股票变化一屏的前 200 ms 开始，一直到刺激呈现完毕，一共是 1000 ms 的时间窗。其中，刺激前的 200 ms 作为基线水平。我们采用一个眼动校准算法来处理眼动尾迹，之后，采用回归分析平均去掉肌电等尾迹（Semlitsch et al.，1986）。实验过程中，有 3 名实验参与者的人工尾迹成分过多，导致在计算单条件下的有效试次数少于 40，因此剔除这 3 名实验参与者。最后有效实验参与者是 22 名。

（二）ERP 数据预处理

数据预处理：采用 BP 数据分析系统（Brain Products，Munich，Germany）

分析 EEG 数据，所有数据均以左右侧乳突记录点的平均值作为离线参考。离线滤波通道是带宽 0.1 ～ 30 Hz。设定尾迹的标准是 ±80 μV，超过这个数值将被剔除所在试次。要考查的股票变化一屏时间窗为刺激呈现的 –200 ～ 800 ms，根据前 200 ms 作基线矫正。

波形成分的选取：我们关注的 ERP 成分是 FRN 波。基于 –200 ～ 800 ms 的 ERP 波内的波形成分，也就是根据 ERP 脑电波总平均图的观察，并结合前人多篇文献发现 FRN 波出现在 200 ～ 400 ms，我们将每 20 ms 的平均波为一个单位，从 0 ms 开始分析，直到找出差异显著的 320 ～ 420 ms 的波段。最终选取 320 ～ 420 ms 的时间窗的平均波作为本研究的 FRN 指标。前人类似的文献中对时间窗口的选取也是采用观察平均波形图的方式（Li et al., 2010；刘春雷等，2010）。2（选择权：自己，他人）×2（拥有权：自己，他人）×2（结果效价：涨，跌）实验的 8 个条件的每种条件的 ERP 波在经历去尾迹、叠加平均后的有效试次数在 60 ～ 70。我们也计算了股票下跌在 320 ～ 420 ms 时间窗的平均波减去股票上涨在 320 ～ 420 ms 时间窗的平均波的差异波 d–FRN 作为因变量。考察 2（选择权：自己，他人）× 2（拥有权：自己，他人）这 4 种角色身份对 d–FRN 的影响。

FRN 分布电极点的选取：根据 320 ～ 420 ms 的时间窗的负波在脑区的分布情况（图 5–3），并结合前人的文献中 FRN 波形存在于前额叶，FRN 波也被称为前额叶负波（Gehring et al., 1993；Gehring et al., 2002）。FRN 波形最负走向的位置在前额叶—中线上（Hewig et al., 2007；Jia et al., 2007；Yeung et al., 2005），尤其是中线位置的 Fz、Cz 上（刘春雷，2010）。我们选取在前额叶区域的 10 个电极点进行平均，作为 FRN 及 d–FRN 的数据来源。这 10 个电极点分别是：F3、F4、FC1、FC2、Fz、Cz、C3、C4、CP1、CP2。我们参考前人有关 FRN 波形的选取标准（Jia et al., 2007；Li et al., 2010），采用平均波幅来代表 FRN 而不是只看 FRN 波的峰值。因为与基线—峰值的指标相比，平均波幅能够减少一些噪声信号的波动，同时对 FRN 时间窗范围内的正波偏差相对不敏感（Cohen et al., 2007；Yeung et al., 2005）。

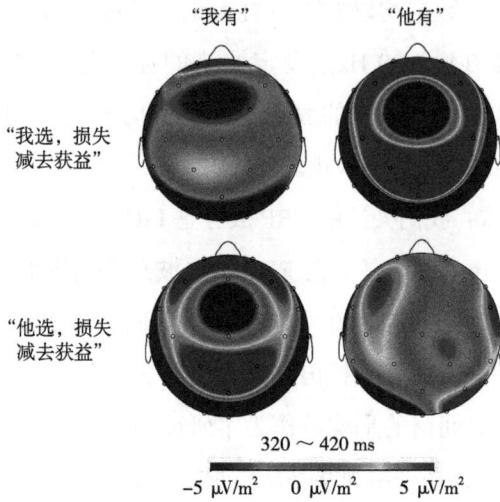

图 5-3　320～420 ms 时间窗的脑地形

三、研究二 a 的结果："基于自我选择的逆拥有者效应"——"为他人理财"比"为自己理财"损失更敏感

(一) 行为结果部分

与第四章的分析类似，我们同样记录了实验参与者在角色身份判断时的行为反应。超时反应（反应时超过 2 s）和错误反应的试次被剔除。进行了 2（选择权：自己，他人）× 2（拥有权：自己，他人）× 2（结果效价：上涨，下跌）的三因素重复测量方差分析。各个条件下的反应时描述性统计如图 5-4 所示。结果发现，三重交互作用不显著 $F_{(1, 21)}$=0.427，P=0.521，η^2 partial=0.002。拥有权的主效应显著 $F_{(1, 21)}$=15.91，P=0.001，η^2 partial=0.431，实验参与者对自己拥有的股票反应时（681.64 ± 39.82）ms 显著快于对他人拥有的股票的反应时（772.43 ± 37.07）ms。股票涨跌主效应显著，$F_{(1, 21)}$ = 10.48，P=0.004，η^2 partial=0.333，实验参与者对涨 [mean ± SE，（719.93 ± 35.84）ms] 比跌 [mean ± SE，（734.14 ± 37.76）ms] 反应更快。选择权主效应不显著 $F_{(1, 21)}$ = 3.95，P=0.088，η^2 partial=0.132。这与第四章发现的行为反应模式相一致，拥有者效应存在，人们对自己拥有的物品对应的身份判断显著快于对他人

的身份判断，这与前人有关姓名识别、面孔识别的研究结论一致（Greenwald et al.，2000；Ma et al.，2010）。

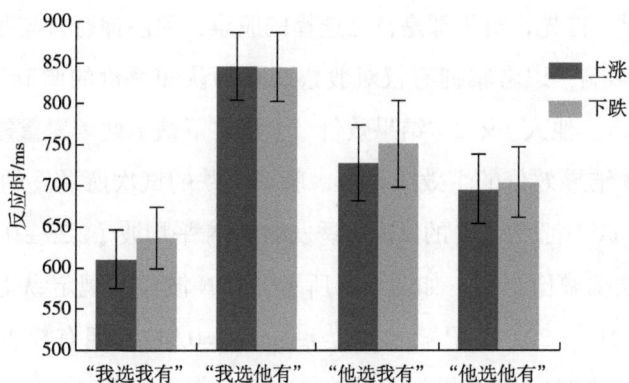

图 5-4 研究二 a 的角色身份判断行为反应时（见书末彩插）

（二）脑电结果部分

采用 SPSS20.0 版本对数据进行分析，违反球形检验则是采用 Greenhouse-Geisser 矫正。以 320～420 ms 时间窗的 FRN 波平均值作为因变量，对 2（选择权：自己，他人）× 2（拥有权：自己，他人）× 2（结果效价：上涨，下跌）× 2（10 个电极点：$F3$，$F4$，$FC1$，$FC2$，Fz，Cz，$C3$，$C4$，$CP1$，$CP2$）进行四因素重复测量方差分析。FRN 波的幅值越负表明 FRN 效应越强，也就是结果违反预期的程度越大。结果分析发现四重交互作用不显著 $F_{(1, 21)}=1.74$，$P=0.147$，η^2 partial$=0.077$。选择权 × 拥有权 × 股票结果效价三因素互作用显著，$F_{(1, 21)}=14.78$，$P=0.001$，η^2 partial$=0.413$。其余三重交互作用（电极点 × 选择权 × 拥有权，电极点 × 选择权 × 股票结果效价，电极点 × 拥有权 × 股票结果效价）均不显著，$P > 0.1$。

我们根据前人研究将前额叶区域 10 个电极点（电极点：$F3$，$F4$，$FC1$，$FC2$，Fz，Cz，$C3$，$C4$，$CP1$，$CP2$）的 FRN 波进行平均，以 FRN 波作为因变量指标，对 2（选择权：自己，他人）× 2（拥有权：自己，他人）× 2（结果效价：上涨，下跌）进行三因素重复测量方差分析。图 5-5 是 10 个电极点的 FRN 波平均值，图 5-7 是 d-FRN 波平均值，从图中可以看出，选择权可能对他人拥有股票涨跌的 FRN 波具有调节作用，但是没有对自己拥有股票涨跌具有调节作用，后续的数据分析证明了这一点。

第一部分的结果分析是根据选择权，先探讨自己选择的情况，后探讨他人选择的情况。首先，对于都是自己选择的股票，关注拥有权与股票结果效价对 FRN 波的影响，以考察拥有权对股票涨跌的认知评价的调节作用。一个 2（拥有权：自己，他人）× 2（结果效价：上涨，下跌）两因素重复测量方差分析发现，股票结果效价的主效应显著，股票下跌的试次所诱发的 FRN 平均波（0.61 ± 0.49）μV 比股票上升的试次所诱发的 FRN 平均波（2.25 ± 0.50）μV 更加负走向（即波幅幅值更负，如图 5-5 所示，FRN 波显示规定纵坐标向上为负值），$F(1, 21) = 22.00$，$P < 0.001$，η^2 partial=0.512。拥有权主效应不显著 $[F(1, 21) < 2.00]$。拥有权与结果效价的交互作用显著，$F(1, 21) = 13.68$，$P=0.001$，η^2 partial=0.394，这表明个体在获益（股票上涨）—表损失（股票下跌）评价差异在不同的拥有者（自己 vs. 他人）身份下是不同的。也就是说，对自己选择的股票的涨跌结果而言，结果诱发的 FRN 波受到拥有权的调节作用。

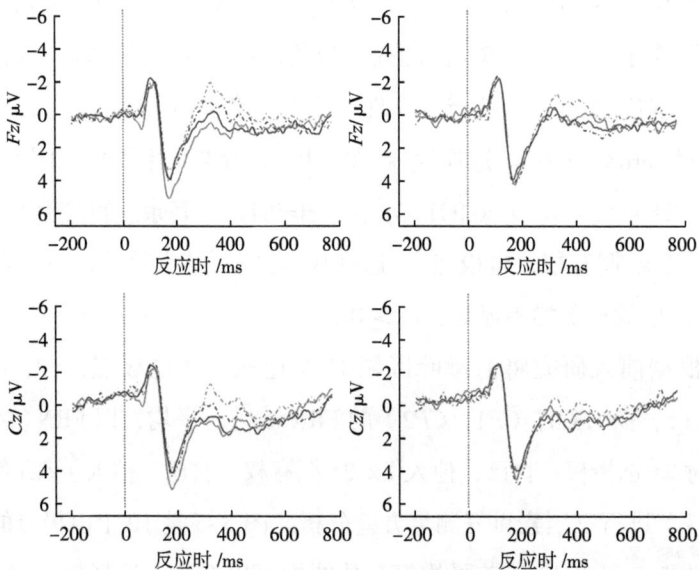

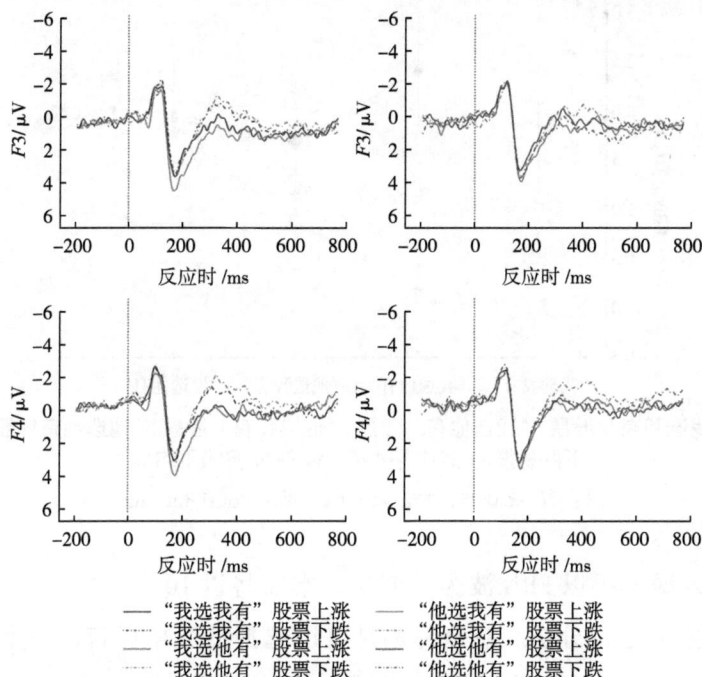

图 5-5 左侧 4 张图分别是 Fz、Cz、$F3$、$F4$ 4 个电极点上"我选我有"股票、"我选他有"
股票、"他选我有"股票、"他选他有"股票上涨和下跌诱发的 ERP 波形图

　　根据上述拥有权与结果效价的交互作用显著，接下来进行简单效应分析。"我选我有"（"为自己理财"）的股票下跌（1.04 ± 0.52）µV 比股票上涨（2.09 ± 0.49）µV 诱发更加负走向的 FRN 波，并达到了显著性水平，F（1，21）=7.80，P=0.011，η^2 partial=0.271。这与前人研究个体在进行赌博游戏中，观察到不满意的结果，出现预期违反的现象相一致（Li et al.，2010）。重要的发现是，对于"我选他有"（"为他人理财"）的股票结果，这种模式也是显著的：股票下跌（0.18 ± 0.48）µV 比股票上升（2.41 ± 0.55）µV 诱发更加显著的负走向的 FRN 波，F（1，21）=32.15，P < 0.001，η^2 partial=0.605（见图 5-5、图 5-6 左侧两处的显著性标识）。也就是说，"我选我有""我选他有"角色身份下的股票结果涨跌均诱发了 FRN 效应。

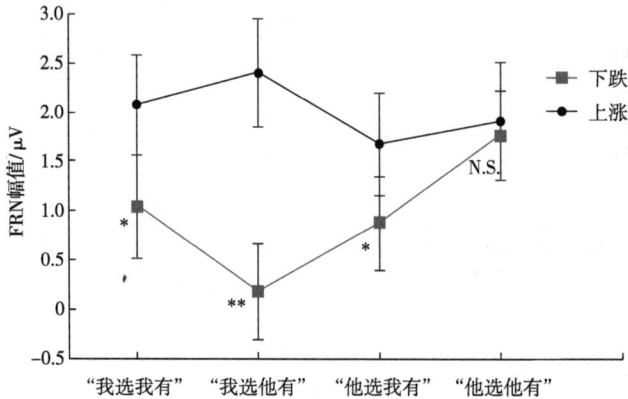

图 5-6 "我选我有"股票、"我选他有"股票、"他选我有"股票、"他选他有"股票上涨和下跌诱发的 320 ～ 420 ms FRN 波的平均值

注：*$P < 0.05$，**$P < 0.01$，N.S. not significant。

上述数据分析以 FRN 波为因变量，本段将以 10 个电极点平均 d-FRN 为因变量指标进行分析。对全部都是自己选择的股票而言，一个 2（stock owner：self，other）单因素 ANOVA 发现，拥有权的主效应显著，$F（1，21）=$ 13.68，$P=0.001$，η^2 partial=0.582。我选择他人拥有的股票的 d-FRN（-2.23 ± 0.39）μV 显著比自己选择自己拥有股票的 d-FRN（-1.04 ± 0.37）μV 的值要更负（见图 5-7 左侧两个柱状条）。前文陈述了 d-FRN 波是股票下跌试次所诱发的 FRN 波减去股票上升试次诱发的 FRN 波，值越负表明损失和收益之间的差异越明显，结果违反预期的程度越大，也就是 d-FRN 效应越强。面对客观上结果涨跌平均幅度大小一致的情况下，此处"我选他有"（"为他人理财"）的结果违反预期程度比"我选我有"（"为自己理财"）还要大。d-FRN 的分析结果表明个体对"我选他有"结果涨跌比"我选我有"结果涨跌更加敏感。我们通过这个结果发现了"基于自我选择的逆拥有者效应"，也就是说，在都是自己选择的股票中，个体对他人拥有的比对自己拥有的股票结果涨跌有更多的积极期望，更加敏感、更加关注。

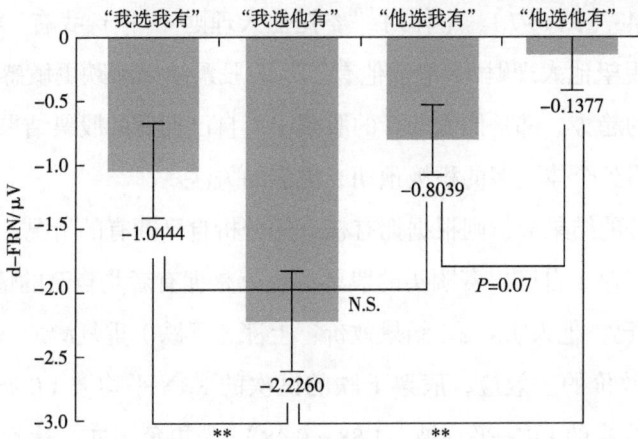

图 5-7　"我选我有"股票、"我选他有"股票、"他选我有"股票、"他选他有"股票诱发的
320 ～ 420 ms d-FRN 波的平均值（见书末彩插）

注：$**P < 0.01$, N.S. not significant。

上述是股票选择权都属于自己的情况，下面将分析他人选择的股票的结果。对于他人选择的股票而言，2（股票拥有权：自己，他人）×2（股票结果：上涨，下跌）重复测量 ANOVA 发现，股票结果效价的主效应显著，$F(1, 21) = 4.78$，$P=0.04$，η^2 partial=0.186。拥有者效应边缘显著，$F(1, 21)=3.30$，$P=0.08$，η^2 partial=0.135。交互作用边缘显著，$F(1, 21) = 3.65$，$P=0.07$，η^2 partial=0.148。

简单效应发现，"他选我有"（"委托他人理财"）的股票下跌与股票上涨结果之间差异显著，$F(1, 21) = 8.55$，$P=0.008$，η^2 partial=0.289，股票下跌的 FRN 波（0.88 ± 0.46）μV 比股票上涨的 FRN 波（1.69 ± 0.52）μV 更加负走向。然而，"他选他有"（"观望他人理财"）的股票下跌与股票上涨结果之间差异不显著，$F(1, 21)=0.24$，$P=0.63$，η^2 partial=0.011（见图 5-5、图 5-6 的右侧两处的显著性标识）。"他选我有"角色身份下的股票结果涨跌诱发了 FRN 效应，而"他选他有"股票结果涨跌没有诱发 FRN 效应。

上述数据分析以 FRN 波为因变量，本段将以 d-FRN 为因变量指标进行分析。对全部都是他人选择的股票而言，2（Stock Owner：Self, Other）单因素 ANOVA 发现，拥有权的主效应边缘显著，$F(1, 21) = 3.65$，$P=0.07$，

η^2 partial=0.148（图 5-7）。个体对"委托他人理财（'他选我有'）"的股票结果涨跌比"观望他人理财（'他选他有'）"的股票结果涨跌更敏感。这体现了拥有者效应的趋势。都是他人选择的股票中，自己拥有的股票结果比他人拥有的股票结果得到个体更多的积极预期、更多的关注。

第二部分的结果分析则根据拥有权，先分析自己拥有的情况，后分析他人拥有的情况。对于自己出资购买的股票，也就是拥有者是自己的情况，一个 2（选择权：自己，他人）× 2（结果效价：上涨，下跌）重复测量 ANOVA 揭示了股票结果效价的主效应，股票下跌的试次的 FRN 平均波（0.96 ± 0.46）μV 比股票上涨试次的 FRN 平均波（1.88 ± 0.48）μV 更负走向，达到差异显著水平，$F_{(1, 21)} = 10.65$，$P=0.04$，η^2 partial=0.337。但结果没有发现选择权的主效应显著，$F_{(1, 21)} = 1.06$，$P=0.31$，η^2 partial=0.048。交互作用不显著，$F_{(1, 21)}=0.524$，$P=0.477$，η^2 partial=0.024（图 5-5、图 5-6）。结果表明，对于都是自己拥有的股票，选择权的作用消失了，选择者效应消失。这体现了拥有权强于选择权的作用。交互作用不显著，因此不再进行简单效应分析。

在第一部分的结果中，已经分析了"我选我有""我选他有""他选我有""他选他有"每种理财角色身份下的股票涨跌主效应的 FRN 波差异显著性（图 5-6）。补充分析角色身份之间的 d-FRN 波差异显著性如下（图 5-7）：将自己拥有的股票诱发的 d-FRN 波作为因变量指标，一个选择权（自己，他人）单因素 ANOVA 发现股票选择权的主效应并不显著，$F_{(1, 21)} = 0.52$，$P=0.48$，η^2 partial=0.024（图 5-7）。这个结果进一步说明，对于 d-FRN 波而言，拥有权作用强于选择权作用。说明在脑神经活动层面，拥有权对于理财产品结果评价的影响比选择权的影响更加稳定。

对于他人拥有的股票，一个 2（选择权：自己，他人）× 2（结果效价：上涨，下跌）重复测量 ANOVA 发现股票结果效价的主效应显著，$F_{(1, 21)}=20.50$，$P < 0.001$，η^2 partial=0.494。股票下跌的试次的 FRN 平均波（0.98 ± 0.44）μV 比股票上涨试次的 FRN 平均波（2.16 ± 0.53）μV 更负走向。选择权主效应显著，$F_{(1, 21)} = 4.219$，$P=0.053$，η^2 partial=0.167。选择权与股票结果涨跌的交互作用显著，$F_{(1, 21)}=22.78$，$P < 0.001$，η^2 partial=0.52（图 5-5、

图 5-6）。

重要的发现是，对于"我选他有（'为他人理财'）"的股票结果，这种模式也是显著的：股票下跌（0.18 ± 0.48）μV 比股票上升（2.41 ± 0.55）μV 诱发更加显著的负走向的 FRN 波，$F_{(1, 21)}=32.15$，$P < 0.001$，η^2 partial$=0.605$（见图 5-5、图 5-6 左侧两处的显著性标识），诱发 FRN 效应。"他选他有"（观望他人理财）的股票下跌与股票上涨结果之间差异不显著，$F_{(1, 21)}=0.24$，$P=0.63$，η^2 partial$=0.011$（见图 5-5、图 5-6 右侧两处的显著性标识），FRN 效应消失。

将他人拥有的股票诱发的 d-FRN 波作为因变量指标，一个 2（Stock Chooser：Self，Other）单因素 ANOVA 发现股票选择者的主效应显著，$F_{(1, 21)}=22.78$，$P < 0.001$，η^2 partial$=0.52$。选择权与电极点的交互作用不显著，电极点主效应不显著，都是 $F_{(1, 21)} < 1.00$（图 5-7）。这说明，当股票都是他人拥有的时候，个体给他人选择的比他人给自己选择的要给予更多的关注、更多的积极期望，这体现了"仅仅选择者效应"。

第三部分将 FRN 原始波以股票上涨和股票下跌分别进行分析。采用 10 个电极点股票上涨条件下诱发的 FRN 平均波，一个 2（选择权：自己，他人）×2（拥有权：自己，他人）两因素方差分析的 ANOVA 没有发现变量主效应显著，交互作用也不显著，$P > 0.05$（表 5-2）。

表 5-2　股票上涨条件下选择权与拥有权两因素 ANOVA 统计指标

	F	P	η^2 partial
选择权	3.342	0.082	0.137
拥有权	1.534	0.229	0.068
选择权 × 拥有权	0.025	0.875	0.001

采用 10 个电极点股票上涨条件下诱发的 FRN 平均波，一个 2（选择权：自己，他人）×2（拥有权：自己，他人）两因素方差分析的 ANOVA 没有发现变量主效应显著，交互作用也不显著，$P > 0.05$（表 5-3）。与他选

择的股票下跌诱发的 FRN 波（1.331±0.43）μV 相比，我选择的股票下跌（0.614±0.48）μV 诱发的 FRN 波更加负走向，交互作用显著（表 5-3）。

简单效应分析显示，与"我选我有"股票下跌诱发的 FRN 波（1.045±0.52）μV 相比，"我选他有"的股票下跌诱发的 FRN 波（0.183±0.47）μV 更加负走向（表 5-4）。结合 d-FRN 的结果，表明"基于我选择的拥有者效应"主要体现在股票下跌的条件下。

与"他选他有"股票下跌诱发的 FRN 波（1.779±0.44）μV 相比，"他选我有"股票下跌诱发的 FRN 波（0.882±0.46）μV 更加负走向（表 5-4）。结合 d-FRN 的结果，表明在都在他人选择时，拥有者效应主要体现在股票下跌的条件下。

"我选我有"股票下跌与"他选我有"股票下跌之间的 FRN 波差异不显著，表明在股票下跌时，拥有者效应遮盖了选择者效应的作用，都是自己拥有的时候，选择者效应没有出现。

与"他选他有"股票下跌诱发的 FRN 波（1.779±0.44）μV 相比，"我选他有"股票下跌诱发的 FRN 波（0.183±0.47）μV 更加负走向。结合 d-FRN 的结果，表明在都在他人拥有时，选择者效应主要体现在股票下跌的条件下。

表 5-3　股票下跌条件下选择权与拥有权两因素 ANOVA 统计指标

	F	P	η^2 partial
选择权	18.57	0.000	0.469
拥有权	0.024	0.879	0.001
选择权 × 拥有权	13.20	0.002	0.386

表 5-4　股票下跌条件下选择权与拥有权两因素交互的简单效应分析

	F	P	η^2 partial
"我选我有" vs. "我选他有"	12.24	0.002	0.368
"他选我有" vs. "他选他有"	9.97	0.005	0.322
"我选我有" vs. "他选我有"	0.234	0.634	0.011
"我选他有" vs. "他选他有"	43.58	0.000	0.675

主观报告的量表得分与 ERP 波相关分析。简版大五人格量表的 5 个分量表（维度）的克隆巴赫阿尔法信度系数分别是：外倾向 0.79，宜人性 0.88，尽责心 0.86，情绪稳定性 0.90，开放性 0.83。结果发现，"我选他有（'为他人理财'）"股票的 d-FRN 值与大五人格中的尽责心得分呈显著的负相关，$r=-0.482$，$P=0.023$。表明个体的尽责心越强，d-FRN 效应越强。同时，尽责心特质与"我选我有"股票的 d-FRN 波（$r=0.147$，$P=0.513$），"他选我有"股票的 d-FRN 波（$r=-0.149$，$P=0.507$），以及"他选他有"股票的 d-FRN 波（$r=-0.332$，$P=0.132$）相关均不显著。没有发现外倾性、情绪稳定性、开放性，以及宜人性与不同角色身份股票结果的 d-FRN 之间有显著相关。此外，观点采择得分与"我选我有"股票的 d-FRN 之间相关关系不显著，$r=-0.027$，$P=0.906$，与"我选他有"股票的 d-FRN 相关不显著，$r=-0.162$，$P=-0.472$，与"他选我有"股票的 d-FRN 相关关系不显著，$r=0.046$，$P=0.839$，与"他选他有"股票的 d-FRN 相关关系不显著，$r=0.204$，$P=0.303$。观点采择得分高的实验参与者表示具有较强的换位思考能力，共情能力。实验参与者在这个量表上得分与 4 种理财身份 d-FRN 波相关不显著，这表明个体可能并不是出于对他人的同情而在结果评价时诱发出了 FRN 效应。

简言之，就研究二 a 的结果而言，发现：①个体对我为他人选择的股票（"我选他有"）比我为自己选择的股票（"我选我有"）结果更加敏感（诱发更大的 d-FRN），对他人比对自己更关注，我们称之为"基于自我选择的逆拥有者效应"。在大五人格中尽责心维度得分高的个体的基于自我选择的逆拥有者效应也更强。②个体对他人为我选择的股票结果（"他选我有"）比他人为他人选择的股票结果（"他选他有"）更加敏感（诱发更大的 d-FRN），呈现了拥有者效应。③我为自己选择的股票（"我选我有"）与他人为我选择的股票（"他选我有"）诱发的 d-FRN 没有显著差异，表明只要是自己拥有的股票，无论是自己还是他人选择的，结果评价的选择者效应消失。④个体对我为他人选择的股票（"我选他有"）与他人为他人选择的股票（"他选他有"）更加敏感（诱发更大的 d-FRN），当股票的拥有权是他人时，出现选择者效应。

但是，研究二 a 的样本采用的是没有股票经验的大学生，而在金融背景中，个体对股票、证券等理财产品的熟悉度，尤其是否具有理财经验、是否自己曾经购买过或者曾经为他人选择过理财产品等这些因素都有可能影响实验参与者的脑电反应。因此，我们为了控制股票经验可能对结果造成的影响，第五章的研究二 b 记录了实验参与者的股票经验情况，作为控制变量，综合第四章、第五章的数据进行分析。

四、研究二 b 的结果：股票交易经验并不影响结果评价偏差

研究二 b 样本专门选取了具有股票经验的大学生样本，实验流程上基本重复了研究二 a 的实验设计和实验程序，仅在实验程序上有所微调。

实验参与者为 26 名北京大学学生 [12 男，14 女，平均年龄 $\pm SD$，（21.90 $\pm$ 2.04）岁]，全部都有股票经验。右利手，矫正视力正常。主试预约实验参与者时嘱咐实验参与者实验前一天不要熬夜、酗酒，要正常休息，实验时不要佩戴隐形眼镜，近视眼需要佩戴框架眼镜。实验通过伦理委员会审查。实验参与者在正式实验开始前先阅读实验说明并签署知情同意书，并被告知被试费是 90 元。实验符合伦理标准和《世界医学协会赫尔辛基宣言》。

实验设计、实验程序同研究二 a，只是将实验程序内部的试次数进行了调整。2（选择权：自己，他人）× 2（拥有权：自己，他人）× 2（结果效价：涨，跌）组成的 8 个条件，每个条件是 87 个试次（其中，股票涨跌的额度是 3%、6%、9%，3% 与 9% 呈现 39 次，6% 呈现 9 次），这些共有 696 个试次。此外，另有 48 个试次是不包含股票涨跌这一屏的，也就是让实验参与者直接看股票的名称，直接对身份判断作出反应。为了尽可能控制实验参与者在多次行为反应时所形成的按键反应策略，在做数据分析的时候，这一部分并不做分析。整个实验任务的总试次数是 744 个。

对于股票经验的测量，采用两道题目让实验参与者进行自评：①你对股票是否了解；②你对股票的了解程度有多少（1 到 7 点李克特量表评分）。

ERP 数据记录与处理同第五章。滤波去伪迹后，每个条件下的试次数平均在 80 ～ 83（Ranging from 72 to 87 Trials for Each Participant）。

FRN 反馈负波的差异波分析如下。研究二 a 的 26 名实验参与者加上研究

二 b 的 22 名实验参与者一起分析（$n=48$），将股票经验作为控制变量，仍然采用差异波 d–FRN（下跌 FRN 减去上涨 FRN）作为因变量指标。对 2（选择权：自己，他人）$\times$ 2（拥有权：自己，他人）$\times$ 10（电极点：$F3$，$F4$，$FC1$，$FC2$，Fz，Cz，$C3$，$C4$，$CP1$，$CP2$）重复测量方差分析，三重交互作用不显著，$F_{(1, 47)}=4.664$，$P=0.145$，η^2 partial$=0.034$。

接下来，我们参考前人文献（Ma et al., 2011），将 10 个电极点上的数据进行加总平均，取电极点上的 d–FRN 的平均值作为因变量指标进行分析。进行两因素重复测量方差分析，2（选择权：自己，他人）$\times$ 2（拥有权：自己，他人）的交互作用显著，$F_{(1, 47)}=19.526$，$P < 0.001$，η^2 partial$=0.298$（图 5–8）。

简单效应分析：在都是我选择的股票中，相比于"我选我有"的股票结果，"我选他有"的股票结果诱发更大的 d–FRN，获取了更多的关注，$F_{(1, 47)}=9.566$，$P=0.003$，η^2 partial$=0.172$（表 5–5、图 5–8）。这个结果与研究二 a 发现的"基于自我选择的逆拥有者效应"一致，表明该现象 / 效应很稳定，不受股票经验多少的影响。

在都是他人选择的股票中，相比于"他选他有"的股票结果，"他选我有"的股票结果诱发更大的 d–FRN，获取了更多的关注，$F_{(1, 47)}=7.164$，$P=0.010$，η^2 partial$=0.135$（表 5–5，图 5–8）。这说明出现了拥有者效应。这个结果与研究二 a 的发现一致，对于结果评价，个体对自己拥有的结果比他人拥有的结果更加敏感。个体通过更多地关注自我、对自己有关的内容（理财结果）予以积极的期望，这符合自我提升的动机。

在都是自己拥有的股票中，"我选我有"的股票结果与"他选我有"的股票结果诱发的 d–FRN 差异不显著，$F_{(1, 47)}=0.668$，$P=0.418$，η^2 partial$=0.014$（表 5–5，图 5–8）。体现了在我拥有的前提下，选择者效应消失了。拥有者效应强于选择者效应。这个结果同研究二 a 也是一致的。说明拥有权的作用大于选择权的作用，在结果评价问题上，拥有权与选择权两个因素的相互作用关系非常稳定，无论是在研究一的测量内隐态度的行为反应实验中，还是在研究二 a 的不具备理财经验的大学生群体的脑电反应中都存在，并且不受股票经验的干扰。

在都是他人拥有的股票中，相比于"他选他有"的股票结果，"我选他有"的股票结果诱发更大的 d-FRN，获取了更多的关注，$F_{(1, 47)}=30.200$，$P < 0.001$，$\eta^2 partial=0.396$，体现了选择者效应（表 5–5、图 5–8）。这个结果与研究二 a 发现的一致，都是发现了选择者效应的脑电证据。

上述结果均表明，d-FRN 是一个不仅对反馈违反预期程度敏感的脑电波成分，也是一个对理财角色身份敏感的脑电成分。

表 5-5　4 种角色身份下的 d-FRN 波平均值标准差

	M, SD
"我选我有"	$M=-0.96$, $SD=1.65$
"我选他有"	$M=-1.94$, $SD=1.73$
"他选我有"	$M=-1.05$, $SD=1.49$
"他选他有"	$M=-0.26$, $SD=1.56$

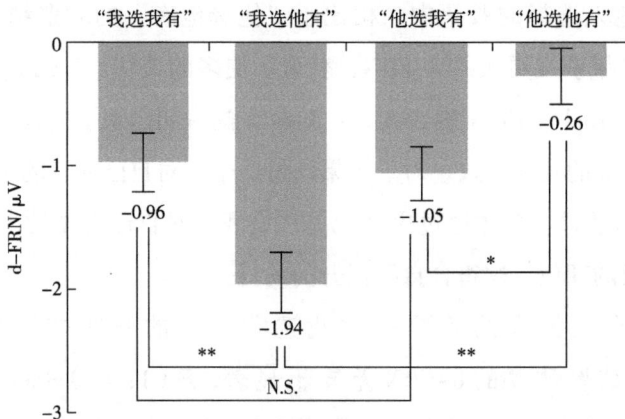

图 5-8　4 种角色身份下的 d-FRN 波平均值（见书末彩插）

注：*$P < 0.05$，**$P < 0.01$，*N.S.* not significant。

五、研究二 a、b 的结果讨论

本研究通过选择权与拥有权构建的 4 种"人—股票"之间的理财关系，观察他们对结果评价的影响，采用"违反预期"作为认知评价因变量，因变量指标是 FRN 波，以及相应涨跌的差异波 d-FRN。我们通过 FRN 在实验参与者扮演不同角色身份时的变化，推断在金融活动中人类的社会情绪效应，以及在金钱利益面前的人性。本研究能够帮助我们理解影响价值评估的因素，贡献于社会—金融—神经学这个交叉学科领域。

下面将分析在 4 个理财情景中的 FRN 效应，我们在每种情景内对比两种理财角色身份。FRN 效应的出现是指股票下跌所诱发的 FRN 波显著性的比股票上涨诱发的 FRN 波负走向。

第一组理财关系对比：比较"我选我有（'为自己理财'）"的股票与"我选他有（'为他人理财'）"的股票结果评价对比。

第一，对于"我选我有"理财角色的股票结果。在电生理水平上，实验参与者观察到"我选我有"股票下跌时比观察"我选我有"股票上涨时，表现出显著性的更加负走向的 FRN 波。根据前人的发现，预期外的结果诱发 FRN 效应，FRN 能够反映结果与预期之间的关系（Hajcak et al.，2005）。"我选我有"的结果损失让个体有"违反预期"的感受，从而股票跌比股票涨诱发更加负走向的 FRN 波（跌诱发的 FRN 波值显著小于涨诱发的 FRN 波值）。这与前人的研究相一致（Li et al.，2010），FRN 效应存在于"我选我有"的股票结果评价中。此外，强化学习理论认为（Holroyd et al.，2002；Nieuwenhuis et al.，2004），在实际结果和期望结果之间的差异趋势激发了强化学习系统的活动，强化学习系统会根据个体期望的结果评估目前正在发生的事件（Holroyd et al.，2002）。但本研究发现的 FRN 并无法反映大脑对违反预期的监测（Fehr et al.，2004；Fehr et al.，2002），而可能是反映了情绪动机意义的评价（Gehring et al.，2002；Hajak et al.，2007）。尤其是在不同理财角色身份对比时，个体对不同的股票结果可能具有差异性的情绪动机，从而导致 FRN 波上的差异。前人研究发现，金钱输赢结果反馈能够诱发明显的 FRN（Gehring et al.，2002）。

第二，对于"我选他有"理财角色的股票结果，研究二 a、研究二 b 惊奇地发现，股票下跌时比观察股票上涨诱发更加显著的负走向的 FRN 波，这反映了他人股票（"我选他有"的股票）下跌给个体带来违反预期的感受。这个理财角色是模拟了金融市场中的基金经理人角色，当个体扮演代理人角色时（"为他人理财"，自己是股票的选择者），会对拥有者（如客户）的股票下跌可能表现出内疚的情绪反应。这个结果同前人研究的 FRN 波反映结果事件的动机/情绪影响的证据相一致（Gehring et al.，2002；Yeung et al.，2005）。我们将从个体的尽责心、决策声誉、人际距离 3 个角度解释这个结果。

前人研究发现，当面对由于自己导致的他人的消极结果（如弄坏了他人的自行车）时，关心他人倾向的责任心意识导致内疚的情绪（Bell，1985；Epstude et al.，2008；Loomes et al.，1982；Yu et al.，2009）。本研究中当面对"我选他有"的股票（也就是"为他人理财"的股票）下跌时，代理人（实验参与者）的责任心特质导致对结果的内疚情绪体验。

"我选我有"角色身份的设置模拟了"代理人—客户"之间的关系。经济角色（代理人，客户）之间有契约关系。在契约中，各方执行合理的义务。代理人执行帮助其客户理财的义务，当实验参与者扮演代理人角色时，会感受到角色带来的尽责心，而尽责心会导致个体在观察他人损失的时候产生内疚情绪。前人研究表明，个人的尽责心水平影响结果评价过程（Li et al.，2010）。赌博游戏任务出现相同的结果变化，具有高个人尽责心水平的实验参与者表现出对结果更大的 FRN 效应（即更负的 d-FRN 值）。本研究问卷数据结果表明，当个体扮演代理人"为他人理财"时，个体的尽责心（大五人格中的一个维度）越高，"我选他有"的股票结果下跌越违反个体的预期。在脑电反应上，表现为 d-FRN 波越负，即 FRN 效应越强。当个体是代理人时，出于对自己所代理（也就是为他人代理，由他人出资购买）股票收益的尽责心，会对股票有一个积极的预期，一旦消极或者自己不想看到的结果违反了这个预期，则可能会导致个体对消极结果产生内疚的情绪体验。

上述尽责心的作用是从"关心他人"的角度分析"我选他有"的股票下跌诱发的 FRN 效应。除了这个角度之外，个人的决策声誉也会影响结果评估。而决策声誉是个体"关心自己"的角度，声誉属于自我积极形象的一部分。代理人给客户作决策时，决策结果的好坏将影响代理人的决策声誉，因为客户会对决策的有效性有一定的评价和判断。以决策声誉举例，人们倾向于高估自己的决策声誉（McCrea et al.，2001），并试图维护一个在他人眼中的积极自我形象（Beggan，1992）。出于印象管理动机，个体看重个人决策声誉。印象管理动机是指人们以一种满足自己需求和目的的方式来表现自己，有动力/动机去控制他人如何看待自己，也就是指导和控制他人对自己形成的印象，在他人面前根据自己的目的来表现出或者不表现出一些行为（Leary et al.，1990）。出于印象管理，个人关注个人声誉，因此，关注"为他人理财"的结果好坏。当观察到客户结果损失时，代理人会认为结果好坏对自己的决策声誉而言是一种威胁，从而会为客户（他人）结果下跌而感到羞愧或者内疚。

还有一个导致个体对"我选他有"的股票结果产生 FRN 效应的原因，可能是个体表现出的对他人股票结果的同情。但是，本研究的事后问卷与 FRN 波的相关分析结果排除了这一点解释。以往对社会背景下的金钱损益结果评价的研究表明，实验参与者（赌博游戏中的观察者）观察他人（赌博游戏的执行者）结果损失时所诱发的 FRN 波反映了一种个体对他人的同情反应（Fukushima et al.，2009；Ma et al.，2011）。实验参与者（结果观察者）的 FRN 效应随着"观察者"与"执行者"之间的人际关系（如朋友关系中的熟悉度）远近而变化（Fukushima et al.，2009）。我们的结果与这些发现都不一致。"我选他有"的股票诱发的 d-FRN 值与观点采择量表得分并没有显著相关，我们推断在金融背景下的代理人和客户之间基于利益关系的社会距离较少导致个体对他人结果产生同情。

简言之，虽然人类在某些程度上是很自私的（Ma et al.，2011），但我们仍然是社会性动物，并且在社会情景中表现出对他人的关心（Fehr et al.，2007）。近年来神经经济学家的研究趋势，是试图去拒绝的理想化假设：人们在经济活动中会最大化自己的利益（Fehr et al.，2007；Hajcak et al.，2005；Sato et al.，2005；Toyomaki et al.，2005；Yeung et al.，2004；Yu et al.，2009）。本研究与这个趋势相一致，也是给出了人类并不是自私的动物的证据。在金融理财决策中，对他人负责及个人的决策声誉可能是两个能够解释这个现象的原因。

在第一组理财关系对比中，个体在"为自己理财"和"为他人理财"时，都表现出了对结果下跌的 FRN 效应，这表明，同时对这两类股票损失结果敏感，并可能伴随产生负性情绪。但本研究并没有实际测量实验参与者情绪感受，仅通过认知评价进行了推断。在研究四中将测量情绪反应。本研究中对于尽责心可能影响"我选他有"股票结果认知评价的证据，是来自大五人格中尽责心特质水平与"我选他有"股票的 d-FRN 之间的显著负相关，却没有给出因果关系。同时，本研究对于决策声誉对"我选他有"股票 d-FRN 的影响，也没有测量决策声誉的水平，只是讨论中的推断。研究五将通过启动实验操纵尽责心水平、决策声誉关注度来探究这两个因素与结果评价的因果关系。

上述是分别对"我选我有""我选他有"理财角色进行讨论的，下面将对"我选我有"与"我选他有"的股票结果评价之间的对比进行讨论。在本书中，d-FRN 值越负，表示 FRN 效应越强。当实验参与者同时扮演个人股民（为自己理财）和代理人（"为他人理财"）时，"我选他有"比"我选我有"的股票涨跌诱发更大的 d-FRN。这是本研究最特别的结果，根据前言的理论推导，自我提升理论导致的拥有者效应（Beggan，1992），实验参与者应该对"我选我有"的股票涨跌反应 FRN 效应强于对"我选我有"的股票的 FRN 效应。但是我们发现的结果正相反，这表明，对于那些都是自己选择的股票而言，个体对他人拥有的股票结果比自己拥有的股票结果更加敏感。也就是说，股票跌幅相等时，"我选他有（'为他人理财'）"的股票下跌比"我选我有（'为自己理财'）"的股票下跌诱发更多的"违反预期"的体验。然而，两种角色身份的股票上涨诱发的 FRN 波并无显著差异，这似乎表明了个体对他人的关心程度比对自己的关心程度还大。由此推断，在金融背景中，个体对为他人理财的结果比为自己理财的结果更敏感，这个现象受到了对他人的负责感及对自己决策声誉的关注度的影响。这个有趣的发现与拥有者效应（Beggan，1992）正相反，我们把它定义为在金融背景下，当股票选择者都是自己时出现的逆拥有者效应，也就是"基于自我选择的逆拥有者效应"。

在"为他人理财"角色身份下，个体出于印象管理动机，具有对个人声誉的关注度，这属于利己的倾向。为了给他人留下好印象，可能诱发出利他行为。对他人结果的尽责心，是出于利他认知的利他行为倾向。我们推测，为他人理财时，可能有由利他认知（出于纯粹的亲社会行为动机）产生的利他行为

（对他人结果尽责），以及由利己认知（出于印象管理动机）产生的利他行为（担心影响个人决策声誉从而关注他人理财结果好坏），在"为自己理财"角色身份下，出于对个人利益的关注而产生利己倾向。

把这两种理财身份进行对比时，构建了一个框架，可以探讨并推测人类在金融活动中可能是更加利己还是更加利他？实验参与者面对"我选我有"与"我选他有"股票同时下跌时，可能"尽责心"和"决策声誉关注"的共同作用产生的利他倾向要强于"关注个人利益"产生的利己倾向，所以导致对他人的损失比对自己的损失更敏感。从市场实践角度分析，在代理关系中代理人的尽责心比自私更占据主导地位。"为他人理财"所含有的决策声誉体现了"名誉"问题，而"为自己理财"包含了"利益"问题，当"名"与"利"冲突时，人们更看重名，还是更看重利？本研究的"基于自我选择的逆拥有者效应"现象背后的心理机制可能是人们看重"名"胜过看重"利"，但这些仅仅是研究的推测，需要做进一步的实证研究。

上述这些推论中的重要因素，如尽责心、个人决策声誉关注的作用，以及他们与"利己认知"之间的对比作用等都需要实验的验证。我们不清楚"为他人理财"时，究竟是尽责心作用大一些，还是关注个人决策声誉的作用更大。此处的结果是体现了"利他行为（关注他人股票结果）"强于"利己行为（关注自己股票结果）"，但是无法体现其背后的心理机制，是"利他认知（尽责心）"强于"利己认知（关注个人利益）"，还是"利己认知（印象管理关注决策声誉）"强于"利己认知（关注个人利益）"。因此，研究五将探讨"基于自我选择的逆拥有者效应"的心理机制。

下面讨论第二组理财关系："他选我有"的股票结果（"委托他人理财"），"他选他有"的股票结果（"观望他人理财"）。当面对"他选我有"的股票涨跌时，实验参与者表现出显著的 FRN 效应（跌诱发的 FRN 波值显著小于涨诱发的 FRN 波值）。面对"他选他有"的股票涨跌时，实验参与者没有表现出 FRN 效应。这表明，个体旁观他人股票涨跌时，没有表现出同情反应。这个发现重复了一些前人神经经济学实验研究的结论，个体观察陌生人的股票损失时，表现出冷漠的 / 漠不关心（没有同情）的态度（Fukushima et al.，2006；Ma et al.，2011）。

上述是分别从"他选我有""他选他有"理财角色来讨论的。下面将对"他选我有""他选他有"的股票结果评价之间进行差异比较。"他选我有"的股票涨跌结果评价诱发的 d-FRN 值显著比"他选他有"的更负。当选择者是他人时，人们倾向于对自己拥有的股票比对他人拥有的股票给予更多的积极期望。这个结果验证了经典的拥有者效应（Beggan，1992）。人们更加关注与自己利益有关的"自己拥有"的股票，而不是与自己利益无关的"他人拥有"的股票，即使这些股票都不是自己选择的。

下面讨论第三组理财关系："我选我有"的股票结果（"为自己理财"），"他选我有"的股票结果（"委托他人理财"）。如之前讨论部分的陈述，"我选我有"与"他选我有"的股票结果评价均存在 FRN 效应。"我选我有"与"他选我有"的股票结果评价 d-FRN 值差异不显著，这表明，自己作为股票的拥有者时，对两类股票具有基本相同的积极期望，基于同样多的关注度。当股票的拥有者都是自己时，股票是由他人帮助自己选择的还是完全由自己选择的似乎并不那么重要了。在感知到拥有权时，选择权效应似乎被削弱，甚至消失不见了。换句话说，拥有权对结果评价的作用遮盖了选择权的作用，甚至拥有权效应强到选择权效应会消失。然而，我们的发现却与前人有关小商品认知评价（喜好态度）的结果不一致（Huang et al.，2009）。他们的研究发现选择权对物品喜好程度的影响强于拥有权的作用，这可能是因为客体属性的不同。对于一般小商品而言，如 Huang 和她的同事研究（2009）中使用的铅笔、杯子，比金融产品的价值低很多。研究表明，人们对不同额度的价值结果评价存在显著性的差异，这种差异与价值大小并不是线性的（Slonim et al.，1998；Wei et al.，2015；Wu et al.，2009）。如 Slonim 和 Roth（1998）发现，在赌博游戏中，当股票价值升高时，人们会减持股份，但是当股票下跌时，人们不会卖出股票。这些研究表明，结果大小会影响我们对结果的认知评价。在脑电研究中，Wu 和 Zhou（2009）发现 FRN 对结果的价值大小敏感，大幅度的结果损益比小幅度的结果损益诱发一个更大的 d-FRN 反应。小商品是价值较低的产品，拥有小商品代表自己所拥有的价值也有限，因此，拥有者效应对小商品评价的作用没有像对股票那种大额度价值的影响大。与一般物品评价不同，股票是一种典型的金融产品，和利益有很大的相关性。即使股票涨跌百分比很小，实际股值的变化会很大。因此，无论股票是不是自己选择的，人们只对自己拥有的股票表现出关心。因为相对较大的金钱利益变化，拥有者效应占据更大的作用，并且遮盖了选择者效应。

下面将讨论第四组理财关系："我选他有"的股票结果（"为他人理财"），"他选他有"的股票结果（"观望他人理财"）。如之前讨论部分的陈述，"我选他有"的股票结果评价存在 FRN 效应，"他选他有"的股票结果评价不存在FRN 效应。当拥有者是他人的时候，自己选择的股票结果比他人选择的股票结果诱发更大的 d-FRN，表明实验参与者对"我选他有（'为他人理财'）"给予一个更加强烈的积极期望和关注。也就是说，自己没有拥有权时，个体对自己选择过的股票更加关注。自我提升理论表明人们会高估与自己有关的方面（Brown et al.，1988），选择效应通过高估对自己所选股票的期望来实现自我提升。人们偏爱自己选择的股票胜过他人选择的股票，本部分的研究结果揭示了选择者效应的神经层面的基础。

对于研究一 a 最后一部分的结果，我们分别分析了股票上涨、下跌的 4 种角色身份之间的差异。上述以 d-FRN 为因变量指标的分析发现了"基于选择的逆拥有者效应"、在都是他人选择时候的"仅仅拥有者效应"、在都是他人拥有时候的"仅仅选择者效应"，以及在都是自己拥有时选择者效应会消失。而进一步的研究表明，上述这 4 种效应或现象是存在于股票下跌所诱发的FRN 波中，但股票上涨所诱发的 FRN 波在不同的理财角色身份下没有显著差异。这表明了实验参与者对结果评价中的损失结果更加敏感，也反映了上述 4 种发现的机制：存在且仅存在于股票下跌的结果中。

研究二 b 发现在控制实验参与者的股票经验后，仍然存在与研究二 a 一致的结果，这表明上述效应的稳定性并不会受到股票经验的显著影响。

总而言之，首先，本研究发现了在结果评价中存在的"仅仅拥有者效应"与"仅仅选择者效应"及他们的神经活动。其中，FRN 波是对理财角色身份敏感的脑电指标，这是进一步采用更加直接、真实、可靠的电生理技术手段考察实验参与者在看到结果时的脑电反应。其次，本研究也发现了对于都是自己拥有的股票，无论是谁选择的，它们的结果涨跌带给个体的心理感受是一致的。这体现了在对结果评价的影响上，拥有权强于选择权的作用。最后，最为重要的是，在神经生理层面发现了个体对"为他人理财"的结果涨跌比对"为自己理财"的同等大小的结果涨跌诱发的 FRN 效应更强，表明给予了更多的积极结果预期。我们将其定义为"基于自我选择的逆拥有者效应"，反映了个体对他人结果损益比对自己结果损益更加敏感。

结合研究一的发现（个体对"我选我有"比"我选他有"身份反应更快），在都是自己选择的情况下，虽然我们对自己的拥有身份反应更快，但我们对为他人选择的结果变化心理感受更强烈。也就是说，在进行角色身份判断的时候，是出现了"拥有者效应"，然而在真实的理财结果快速评价时，是出现了"基于选择的逆拥有者效应"。就理财结果评价而言，我们推断"为他人理财"结果损益可能影响了个人决策声誉，因此个人出于印象管理，对"为他人理财"的结果更加关注。此外，数据结果显示尽责心水平与逆拥有者效应的负相关关系反映了个体可能出于尽责心，从而更关注"为他人理财"的结果。而"为自己理财"结果则主要影响个人利益。在"名誉＋尽责心"与"利益"冲突的时候，人们可能更看重前者。我们推测，金融活动中当面对"自己—他人"对比情况时，当"名誉"与"利益"无法双收的时候，为他人选择的尽责心和个人决策声誉，会强于个体维护自己利益的作用，人们表现出利他的行为倾向。本研究虽然发现尽责心与该效应显著相关，但却没有证明其因果关系。因此，后续的研究五将进一步探讨该效应的心理机制。

第六章 基于机器学习的股票结果评价差异探究

第六章介绍了第三章研究框架中的研究三，进一步分析了研究二的脑电数据，收集有股票交易经验的个体的脑电实验数据，采用机器学习的方法对脑电波数据构建了分类模型，预测和判断理财身份属性。从这个角度反映了不同理财角色身份之间的脑电特征模式。

第一节　机器学习方法应用于脑电研究

机器学习方法是计算机利用已有的数据训练出某种分类预测模型，并可以利用此模型对新的数据进行分类预测的方法。该方法已经在基于脑电和核磁等数据的心理学研究中得以应用，一方面机器学习模型的建立可以实现基于生理信号判断心理活动的过程，另一方面机器学习模型的成功构建可以更好地证明相关生理信号与心理活动间的联系，并且在构建机器学习模型的过程中，通过对高维特征变量的筛选，可以发现关键的生理信号，有助于进行更深入的探索。我们参照前人应用在 fMRI 数据中的方法（Wager et al., 2013），在本研究中利用脑电数据进行相关研究。

用脑电波指标探测到实验参与者在看到股票上涨下跌那一刻真实的心理反应。研究"为自己理财"与"为他人理财"这两种情况的脑电波建模分类器，能够更好地聚焦于基金经理人的工作压力。采用事件相关电位的技术手段可以实时测量实验参与者在做实验任务时的脑电波情况。本研究将采用"违反预期"的程度作为反应结果评价的一个指标，也就是本研究的因变量，可以被脑电波中的反馈相关负波（Feedback Related Negativity，FRN）所表征。

FRN 被证明是评估一个人的损失或者获益时的神经证据（Hajcak et al., 2005；Hajcak et al., 2007；Luu et al., 2009；Sato et al., 2005；Toyomaki et al., 2005；Yeung et al., 2005；Yeung et al., 2004；Yu et al., 2006）。FRN 分布在

大脑皮层的前部区域和中部区域，尤其是中线位置的电极点上，是一个负走向的波形，在接受结果反馈之后的 200 ～ 400 ms 范围内波幅达到顶峰。FRN波越负走向，表明 FRN 效应越强。FRN 是与个体不喜欢的结果所导致的负性反馈有关的波形。负性反馈包括了不正确的反应（实验中的反应错误），或者金钱损失。Gehring 和 Willoughby（2002）强调 FRN 反映了认知监控系统里对"出现错误"的情感上或者动机性的反应。这一点提示我们可以采用 FRN 来推测隐藏在结果评价背后的所伴随产生的情绪反应。为了减少 FRN 波形与一些负走向 ERP 成分的重叠，研究者使用 Holroyd 和 Krigolson（2007）的方法，计算 FRN 的差异波。采用损失（Loss）诱发的 FRN 波减去获益（Gain）诱发的FRN 波，定义为损失和收益之间的 FRN 差异效应，称其为 d-FRN 波。

➔ 第二节　基于 LASSO 法对理财角色身份间建模：d- FRN 波在 Fz 电极点的区分效力

一、研究三的 LASSO 法与研究流程

本文根据前人结果评价研究中的 FRN 波峰值（Wei et al., 2015）作为数据指标，本研究模型训练使用的特征变量为第五章中的 10 个电极点在 320 ～ 420 ms 时间窗内的 FRN 波的峰值（FRN 最负值）。将股票下跌和上涨诱发的FRN 波相减，得出 FRN 差异波 d-FRN，并将 d-FRN 的最负值（表示损失诱发的 FRN 减去收益诱发的 FRN 的差异最大）作为训练数据。

我们针对①"我选我有"与"我选他有"、②"他选我有"与"他选他有"、③"我选我有"与"他选我有"、④"我选他有"与"他选他有" 4 种情况的角色身份对比分别建立机器学习模型。我们建立模型的训练集来自第五章研究二 b 的 26 个实验参与者。每种情况对应两种理财身份，我们选取机器学习的方法对 26 个实验参与者的两种理财身份下的数据，一共是 52 个样本进行训练。本文选择训练集和测试集的原因有两点。第一，考虑到分类模型的生态效度，本研究选择第五章研究二 b 具有股票买卖经验的实验参与者数据作为训练集（第五章研究二 b），在这个样本中建立分类模型。然后将分类器对没有

股票经验的样本（测试集，第五章研究二a）进行预测，如果预测效力好，说明分类器的稳定性和一定的区分效力。第二，第五章研究二a与第五章研究二b都发现了相同的角色身份差异模式，2个样本虽然在股票买卖经验上不同，但都是大学生实验参与者，整体情况基本一致，在这个基础上，本研究将2个样本看作是来自一个总体的。也就是说，本研究建立的机器学习模型是在这个前提下进行的。

每种情况建立机器学习模型都有两个步骤，步骤一是采用训练集的数据（第五章研究二b的26个实验参与者）建立机器学习模型的训练过程，步骤二是采用另外一个独立测试集（第五章研究二a的22个实验参与者）对步骤一中得到的最优模型进行检验。

在步骤一中，我们使用LASSO方法（Least Absolute Shrinkage and Selection Operator）建立机器学习模型，LASSO方法的好处在于可以在建模的同时实现最优特征变量的选取。我们使用5倍交叉验证（5-fold Cross Validation）方法进行训练和模型评估，交叉验证的AUROC [Area Under Receiver Pperating Characteristic Curve，AUC；中文称之为受试者工作特征曲线（Receiver Operating Characteristic Curve，ROC曲线）下的面积] 用于评价机器学习模型的分类预测准确性。AUC越接近于1，表示模型的分类预测能力越好，准确性越高。模型训练使用的特征变量为10个电极点的d-FRN值。

5倍交叉验证的意思是先把数据随机分成5份，每次选取其中4份作为训练，剩下一份用于测试前面4份训练的结果。也就是说，在第一步骤中的建模方法里面本身即包含26个实验参与者数据的一个训练模型，但这个模型除了对自己数据的验证之外，对其他数据是否存在真实的预测效果，就需要我们采用步骤二的另外一批样本来进行真实的检测。

在步骤二中，使用步骤一中的最优模型对22个实验参与者，也就是44个样本（因为每种情况下有2个角色身份对应的数据）的独立测试集进行检验。使用ROC曲线和AUROC评估预测准确率。

为了检验AUC的显著性，我们对测试集随机打乱数据标签，然后使用最优模型对得到的随机样本进行预测，如此重复10 000次，可以得到随机试验的 AUC 分布, 以此分布检验我们在测试集中得到的 AUC 是否显著大于随机试验的 AUC, 也就是 AUC 的显著性。

二、研究发现与讨论

我们对以下几种情况进行机器学习模型的训练和预测评价。

针对情况① "我选我有"的 d–FRN 与 "我选他有"的 d–FRN, 我们在训练集 (第五章研究二 b 的样本数据) 中采用 LASSO 方法建立这两种身份的分类模型, 采用 5 倍交叉验证得到的最优模型的 AUC 为 0.761 ± 0.065。最优模型筛选出来的关键特征变量有两个: Fz 和 $C4$。

使用最优模型, 对独立数据集 (第五章研究二 a 的样本数据) 进行预测, 得到 ROC 曲线如图 6–1 所示, AUC 为 0.718, AUC 的 P 值为 0.0039, 该模型有较好的分类预测能力。

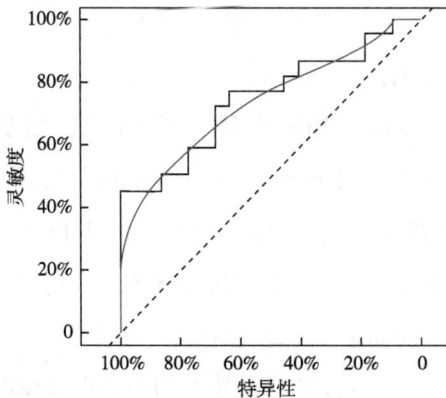

图 6–1 区分 "我选我有"的 d-FRN 与 "我选他有"的 d-FRN 两种条件的 ROC 曲线

针对情况② "他选我有"的 d–FRN 与 "他选他有"的 d–FRN, 在训练集 (第五章研究二 b 的样本数据) 中采用 LASSO 方法建立这两种身份的分类模型, 采用 5 倍交叉验证得到的最优模型的 AUC 为 0.800 ± 0.032。最优模型筛选出来的关键特征变量有两个: Fz 和 $F4$。

使用最优模型, 对独立数据集 (第五章研究二 a 的样本数据) 进行预测,得到 ROC 曲线如图 6-2 所示，AUC 为 0.753，AUC 的 P 值为 0.0014，该模型有较好的分类预测能力。

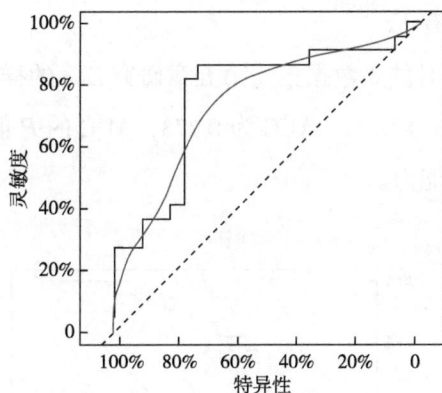

图 6-2　区分"他选我有"的 d-FRN 与"他选他有"的 d-FRN 的 ROC 曲线

针对情况③"我选我有"的 d-FRN 与"他选我有"的 d-FRN，在训练集（第五章研究二 b 的样本数据）中采用 LASSO 方法建立这两种身份的分类模型，采用 5 倍交叉验证得到的最优模型的 AUC 为 0.662 ± 0.072。最优模型筛选出来的关键特征变量只有一个 $C4$。

使用最优模型，对独立数据集进行预测，得到 ROC 曲线如图 6-3 所示，AUC 为 0.506，AUC 的 P 值为 0.7891，该模型没有有效的分类预测能力。

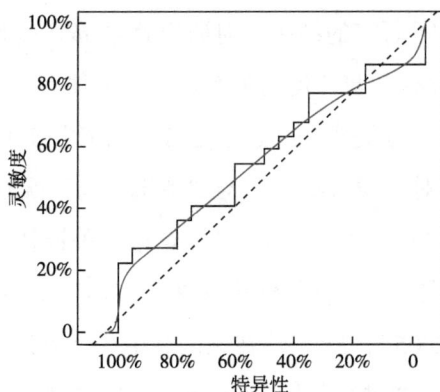

图 6-3　区分"我选我有"的 d-FRN 与"他选我有"的 d-FRN 的 ROC 曲线

针对情况④"我选他有"的 d–FRN 与"他选他有"的 d–FRN，在训练集（第五章研究二 b 的样本数据）中采用 LASSO 方法建立这两种身份的分类模型，采用 5 倍交叉验证得到的最优模型的 AUC 为 0.829 ± 0.053。最优模型筛选出来的关键特征变量只有 *Fz*。

使用最优模型，对独立数据集（第五章研究二 a 的样本数据）进行预测，得到 ROC 曲线如图 6–4 所示，AUC 为 0.773，AUC 的 *P* 值为 0.0008，该模型具有有效的分类预测能力。

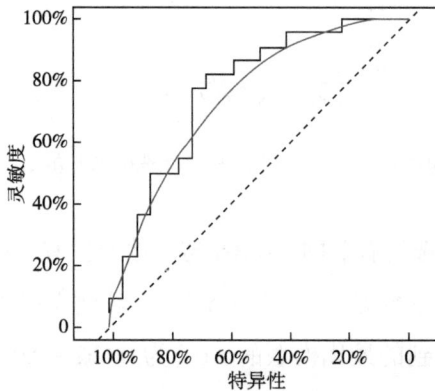

图 6–4　区分"我选他有"的 d-FRN 与"他选他有"的 d-FRN 的 ROC 曲线

三、实验讨论

本研究采用机器学习的方法将第五章的数据建立分类模型，从机器学习建模的角度拓展了第五章研究的结果。对研究背景部分提到的"我选我有"与"我选他有"、"他选我有"与"他选他有"、"我选他有"与"他选他有"这 3种情况都建立了有效的分类模型，这也是在第五章研究中角色身份之间差异显著的 3 种情况。而对"我选我有"与"他选我有"无法建立有效的分类模型。3 个有效的分类模型均发现了 *Fz* 电极点这个关键特征变量。前人文献表明，FRN 波形最负走向的位置在前额叶—中线上（Hewig et al.，2007；Jia et al.，2007；Yeung et al.，2005），*Fz* 正落在该区域中。结果评价领域的文献中常采用 *Fz* 电极点上的 FRN 波进行分析（Hajcak et al.，2006；Li et al.，2010）。本

研究找出的 *Fz* 电极点是对不同理财角色身份下的结果评价差异具有一定区分效力的脑电波反应的指标（Brain-based Signatures）。

机器学习建立模型最主要的目的是用来预测，这一点与传统的心理学数据处理显著性标准 $P < 0.05$ 不同。传统的数据分析看重的是差异检验，而机器学习采用更加复杂而系统化的方式对假设上是认为有差异的条件之间进行一个分类的学习，并用另外一个独立的数据集来检测这个模型的预测能力。

本研究是根据 Wager 等人（2013）基于 fMRI 数据建立的对疼痛的模型预测的方法。在他们的研究中，采用了机器学习对实验参与者接受疼痛与非疼痛刺激时的脑区的激活反应进行分类，并根据建立的模型预测实验参与者在接受一个刺激时，通过脑区激活模式就可以判断出他是否感受到了疼痛。本研究也是仿照他们的机器学习建模思路，发现了能够对不同理财角色身份的作用进行良好分类的模型，这些模型都是基于 ERP 脑电波的数据，我们将模型定义为基于事件相关电位的分类模型。

第三篇 结果评价的情绪感受差异及心理机制

"最好的投资者是那些能够控制自己情绪的人。"——卡尔·伊坎（Carl Icahn）

"天生我材必有用，千金散尽还复来。"——李白《将进酒·君不见》，每个人的存在都有自己的价值和意义，黄金千两如果被一挥而尽，它也还是能够再得来。这句话表达了作者的金钱价值观。

"和气生财"强调了和谐和善良的重要性。它表达了在人际关系中保持积极情绪和良好评价的益处，以促进财富和谐的增长。

【本篇内容】

· 为他人理财 vs. 为自己理财
· 失望情绪
· 尽责心与责任分散
· 印象管理
· 双启动实验

第七章 "为自己理财"与"为他人理财"在情绪方面的差异

第七章介绍了第三章研究框架中提到的研究四，根据研究二发现的"基于自我选择的逆拥有者效应（与关注自己结果相比，个体更关注他人结果）"，研究该效应在情绪感受层面的表现。股票上涨时存在逆拥有者效应吗？下跌时也存在吗？启动实验研究两个要重点考察的"为自己理财"与"为他人理财"时股票涨跌的情绪感受。

认知往往与情绪感受相互影响，上述研究缺乏对股票结果评价的情绪感受方面影响的实证研究，本研究主要探讨情绪感受层面的效应，尤其针对基金经理人的负面情绪压力，重点研究"为自己理财"与"为他人理财"的股票结果的情绪感受。

本章测量实验参与者处在"为自己理财"与"为他人理财"角色下结果涨跌诱发的情绪反应强度。设置迫选式题目，研究在"为自己理财"与"为他人理财"结果对比的情况下，个体的情绪强度倾向，是对自己的结果情绪反应更加强烈，还是对他人的结果反应更加强烈。

➔ 第一节　结果评价的情绪感受

研究一到研究三都把重点放在关注结果评价的认知差异上，发现了"为自己理财"与"为他人理财"之间的结果评价差异，并定义为"基于自我选择的逆拥有者效应"。认知往往与情绪感受相互影响，上述研究缺乏对股票结果评价的情绪感受方面影响的实证研究，本研究主要探讨情绪感受层面的效应。

研究一发现了在身份判断任务上，都是自己选择的股票中，个体对自己拥有的股票（比他人拥有的股票）反应更快，这体现了对于角色身份分类时拥有权强于选择权的作用。研究一没有直接测量实验参与者对股票结果的反应，而第五章通过记录脑电波发现"为自己理财"与"为他人理财"之间出现"基于自我选择的逆拥有者效应"这个现象，都是自己选择的股票，个体对他人的结果比对自己的结果更加敏感。这主要体现在个体对他人股票下跌比对自己股票下跌更加敏感。研究一、第五章是不同的因变量。研究一的因变量是角色身份判断任务的反应速度，这一方面受到之前呈现的结果涨跌的影响，另一方面受到角色身份的影响。但角色身份判断任务是间接反映人们面对股票涨跌的感受，并不是直接反映出结果认知评价和情绪感受。第五章直接测量的结果诱发的脑电波发现，"为他人理财"结果损失比"为自己理财"损失诱发了更大的"违反预期"的心理体验。我们就此提出了"基于自我选择的逆拥有者效应"，而此效应是否在结果评价的情绪感受层面也存在？认知与情绪相互伴随，研究四将重点关注"为自己理财"与"为他人理财"的结果评价所引发的情绪感受差异。

为了研究真正的"情绪对比"效应，本研究采用问卷的形式，列举出迫选式的情绪体验状况的题目，让实验参与者进行自评。如"当我为自己选择的股票和我为他人选择的股票同时下跌了相同幅度（如都下跌3%）时，个体对自己还是对他人的结果更加难过？"研究变量关系如图7-1所示。

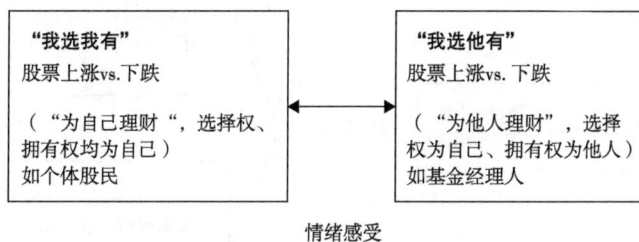

图 7-1　研究变量关系

➔ 第二节　在情绪感受层面的"基于自我选择的逆拥有者效应"

一、实验设计与流程

实验设计采用的是启动实验。研究四 a 测量实验参与者处在"为自己理财"与"为他人理财"角色下结果涨跌诱发的情绪反应强度。研究四 b 设置迫选式题目，研究在"为自己理财"与"为他人理财"结果对比的情况下，个体的情绪强度倾向，是对自己的结果情绪反应更加强烈，还是对他人的结果反应更加强烈。

实验 a 考察"为自己理财"与"为他人理财"结果的情绪感受强度差异，采用两因素被试内实验设计：2（理财角色身份："我选我有""我选他有"）× 2（结果效价：涨，跌），因变量是实验参与者自评的情绪感受强度。

实验 b 考察"为自己理财"与"为他人理财"结果同时涨跌时诱发的情绪感受对比效应，采用单因素被试内实验设计：2（结果效价：涨，跌），因变量是"自己—他人"的情绪体验强度。

实验 a、实验 b 的实验参与者均是北京大学的自考生，共计 88 人，男 28 人，女 60 人。平均年龄是（28.63 ± 4.81）岁。

实验流程：阅读情景材料并回答后续问题。实验 a、实验 b 采用同一个模拟股票购买情景材料。流程如图 7-2 所示。

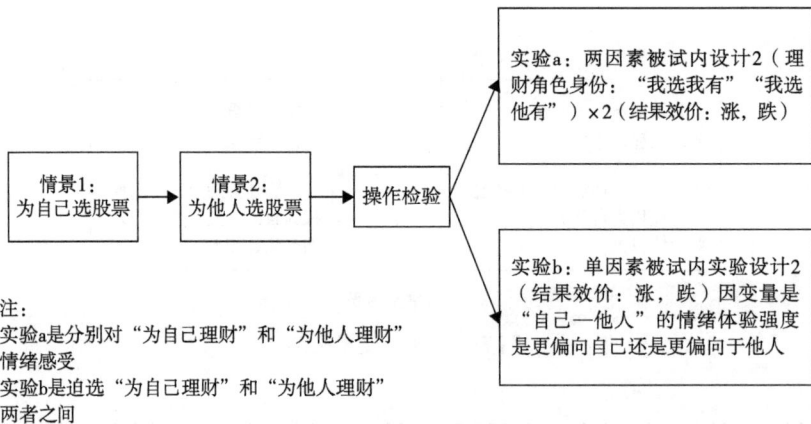

图 7-2 研究流程

实验 a、实验 b 统一采用模拟股票购买情景材料。具体内容如下：

（一）请想象如下情景：

你正在参加一个模拟选股票的游戏，游戏结尾会呈现股票涨跌结果。经过思考和判断，你为自己选择了一只股票 A，并出资购买。这只股票的结果将决定你的被试费。被试费基准是 10 元，股票上涨 9%，将额外获得 9 元，下跌 9%，将额外损失 9 元，也就是只获得 1 元被试费。

（二）请想象如下情景：

你正在参加一个模拟选股票的游戏，游戏结尾会呈现股票涨跌结果。一位上一届跟你学号尾号相同的学生也来参加这个实验，你们并不认识。任务要求是需要你为他选择一只股票，由他来出资购买。经过思考和判断，你为他选择了一只股票 B，他来出钱投资购买。这只股票的结果将决定他的被试费：基准是 10 元，股票上涨 9%，将额外获得 9 元，下跌 9%，将额外损失 9 元，也就是只获得 1 元被试费。而你的被试费 10 元不变。

请注意：文中股票 A 与股票 B 的初始股价是相同的。（以上是材料的第一页）

请回答下列问题：

1. 你觉得想象上述情景是否困难？

（1= 毫不困难，7= 非常困难）

1————————2————————3————————4————————5————————6————————7

2. 你刚才是否努力做出想象？

（1= 毫不努力，7= 非常努力）

1————————2————————3————————4————————5————————6————————7

3. 在刚才的情景中，由我选择并且我出资购买的股票是：_____

4. 在刚才的情景中，由我选择，他人出资购买的股票是：_____（以上是材料的第二页）

其中，情景材料中的第二页是对启动材料的操作性检验。接下来，实验参与者将依次回答实验 a、实验 b 对应的问题。

请回答下列问题（在相应的数字上面画√）：

实验 a（自己—他人结果的情绪体验强度差异）

5. 如果为他人选择的股票 B 出现了大幅下跌（如 8%），你是否会为自己的决策感到内疚？

（1= 毫不内疚，7= 非常内疚）

1————2————3————4————5————6————7

6. 如果为自己选择的股票 A 出现了大幅下跌（如 8%），你是否会为自己的决策感到后悔？

（1= 毫不后悔，7= 非常后悔）

1————2————3————4————5————6————7

7. 如果为他人选择的股票 B 出现了大幅上涨（如 8%），你是否会为自己的决策感到自豪？

（1= 毫不自豪，7= 非常自豪）

1————2————3————4————5————6————7

8. 如果为自己选择的股票 A 出现了大幅上涨（如 8%），你是否会为自己的决策感到自豪？

（1= 毫不自豪，7= 非常自豪）

1————2————3————4————5————6————7

实验 b（自己—他人结果的情绪体验对比）

9. 当为自己选择的股票 A 与为他人选择的股票 B 同时出现了大幅下跌（如 8%）时，你对谁的结果有更多的负性情绪体验（如难过）？

（1= 更倾向于左边，7= 更倾向于右边）

为自己选择的股票 A

1————2————3————4————5————6————7

为他人选择的股票 B

10. 当为自己选择的股票 A 与为他人选择的股票 B 同时出现了大幅上涨（如 8%）时，你对谁的股票收益有更多的正性情绪体验（如高兴）？

（1= 更倾向于左边，7= 更倾向于右边）

为自己选择的股票 A

1————2————3————4————5————6————7

为他人选择的股票 B

基本人口统计学信息（年龄、性别）及股票经验

11. 你觉得你对股市有多了解？

（1= 毫不了解，7= 非常了解）

1————————2————————3————————4————————5————————6————————7

二、研究发现与讨论

通过对情景材料的操作性检验发现，实验参与者对 A/B 两种类型的股票区分率是 100%，这表明所有实验参与者均认真阅读了实验材料。实验参与者对材料想象的努力程度（M=5.03，SD=1.573）与中值 4 分做独立样本 t 检验，显著 $t(87)$=6.133，$P < 0.001$，实验参与者得分显著比中值高，表明实验参与者努力想象材料中的情景。材料想象的困难程度（M=3.08，SD=1.504）与中值 4 分做独立样本 t 检验，显著 $t(87)$=−5.704，$P < 0.001$，表明想象材料中的情景这个任务难度较小，也就是说，我们降低了"情景同自己生活体验太远"或者"材料中的情景太难"等实验的干扰因素。

实验 a 在题目 5～8 中，我们根据股票结果涨跌分别规定了可能产生的情绪的性质。如为他人选择股票结果损失而体验到的（对决策）内疚的情绪，为自己理财结果损失而体验到的（对决策）后悔的情绪。在数据处理的过程中，我们将统一归为负性情绪，并计算这些负性结果诱发的负性情绪体验强度。也就是说，我们仅仅区分情绪的效价（是正性还是负性的），不区分情绪的类型（是内疚还是后悔）。对于股票结果上涨诱发的情绪体验在题目 7、题目 8 中已经指明都是（对决策）自豪情绪体验，因此均记录为正性情绪。

在股票操作经验、年龄、性别的前提下进行 2（理财角色身份："我选我有""我选他有"）×2（结果效价：涨，跌）对情绪强度影响的重复测量方差分析，发现交互作用显著，F=11.128，P=0.001，η^2 partial=0.116。这表明，实验参与者在面对两种角色身份下对结果涨跌评价模式有所差异。

角色身份的主效应显著，F=18.99，$P < 0.001$，η^2 partial=0.183。相比"为自己理财"结果诱发的情绪强度（M=4.81，SD=1.41），"为他人理财"结果诱发的情绪强度（M=5.43，SD=1.31）更强。这表明无论股票结果是涨还是跌，相比对个体理财结果涨跌，个体对他人理财结果涨跌的情绪反应强度更大。通

过外显的问卷自评的方式，也进一步印证了第五章中脑电研究的结果，个体对他人结果涨跌比对自己结果涨跌反应更加敏感。这个结果发现了"基于自我选择的逆拥有者效应"在情绪感受层面的体现。

股票效价的主效应显著，$F=47.20$，$P < 0.001$，η^2 partial=0.357。相比股票下跌诱发的情绪强度（$M=4.56$，$SD=1.50$），股票上涨诱发的情绪强度（$M=5.68$，$SD=1.34$）更强。这个结果同前人（杨洁敏 等，2009）关于"等量的负性刺激比等量的正性刺激诱发的情绪强度更大"的结论不符合。前人有关情绪刺激材料对情绪感受的影响是基于脑电的研究结果，实验参与者的脑电波反应是很真实的。而本文中的情绪自评状态，可能会受到社会赞许效应的影响，对积极情绪的表达更为直接，而对负性情绪得分填写更加谨慎保守。也可能是由于实验设计中规定了情绪的性质，如"为自己理财"损失而感到后悔。后悔这个负性情绪并不能代表所有由股票下跌带给个体的负性体验。

上述交互作用显著，因此进行简单效应分析。"我选我有"的上涨与"我选他有"的上涨诱发正性情绪差异不显著，$F(1，87)= 2.056$，$P=0.155$，η^2 partial=0.023（图7-3 蓝色柱形）。而此处的结果表明在股票均上涨（同等大小的幅度，8%）时，个体对他人拥有的结果获益感受到正性情绪与对自己结果获益感受到的正性情绪体验感受无显著性差异。也就是说，个体对自己获益与他人获益感到同样程度的正性情绪。在正性情绪体验层面，不存在"基于选择的逆拥有者效应"。

相比于"我选我有"的下跌，"我选他有"的下跌反而诱发更多负性情绪$F=19.271$，$P=0.001$，η^2 partial=0.165（图7-3 红色柱形）。上述角色身份主效应结果中仅仅发现了"基于自我选择的逆拥有者效应"对情绪的影响作用：个体对他人结果涨跌比对自己结果涨跌情绪反应更加强烈，但是没有说明在结果涨跌不同效价上是否也存在类似的逆拥有者效应。而此处的结果表明在股票均下跌（同等大小的幅度，8%）时，相比对个人结果损失诱发的负性情绪，个体对他人拥有的结果损失感受到的负性情绪更加强烈。这说明在负性情绪体验层面，也存在该效应。

上述两个结果揭示了"基于自我选择的逆拥有者效应"在情绪方面作用的

机制：是通过改变对"自己—他人"负性结果所诱发的负性情绪的强度来体现逆拥有者效应（个体对"为他人理财"结果损失比"为自己理财"结果损失有更多的负性情绪），而并没有改变"自己—他人"正性结果所诱发的正性情绪体验差异。

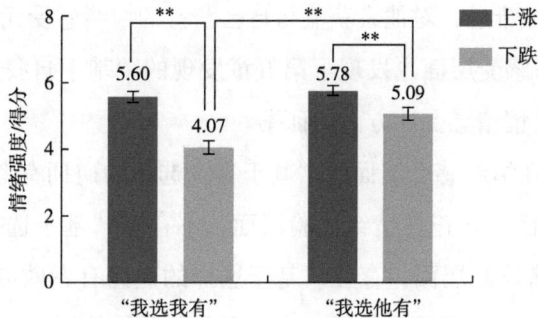

图 7-3 为自己理财股票结果与为他人股票结果涨跌诱发的情绪强度（见书末彩插）

注：**$P < 0.01$，$N.S.$ not significant。

实验 b 对题目 9、题目 10 得分进行分析。"为自己理财—为他人理财"结果同时涨跌时，个体在"自己—他人"得分上越高表示越替他人结果难受 / 高兴。

首先，"为自己理财—为他人理财"结果同时下跌时，个体在"为自己理财—为他人理财"得分（$M=4.438$，$SD=2.010$）与中值 4 分做独立样本 t 检验，得分显著高于中值，$t=2.015$，$P < 0.05$。这表明，当股票下跌时，个体为他人比为自己更加难受，与实验 a 结果一致。此处结果是在设置了迫选"为自己理财—为他人理财"对比的题目中，发现了当股票都是自己选择的时候，个体对他人拥有的股票结果损失比对自己拥有的股票结果损失更加难过。

其次，"为自己理财—为他人理财"结果同时上涨时，个体在"为自己理财—为他人理财"得分（$M=3.65$，$SD=1.924$）与中值 4 分做独立样本 t 检验，得分没有显著差异，$t=-1.718$，$P > 0.05$。这表明，当股票上涨时，个体为他人、为自己都一样的开心，与研究四 a 结果一致。此处结果是在设置了迫选"为自己理财—为他人理财"对比的题目中，发现了当股票都是自己选择的时候，个体对他人拥有的股票结果获益与对自己拥有的股票结果获益同样高兴。

实验 b 表明在自己和他人股票都损失时，自己对他人比对自己的负性体验还要强烈。而自己和他人股票都上涨时，同样开心。上述这 2 个结果分别是当股票结果损失、获益的时候，实验参与者对"为自己理财—为他人理财"对比的情绪强度倾向。这 2 个结果也同样印证了前文实验参与者独立地对"为自己理财"与"为他人理财"结果涨跌的情绪体验差异模式：个体对他人损失比对自己损失感到更加难过，对他人获益与自己获益的情绪感受无显著差异。实验 a、实验 b 从情绪感受层面也发现了第五章发现的"基于自我选择的逆拥有者效应"，提供了其情绪感受性方面的证据。

研究发现了在情绪感受层面的"基于自我选择的逆拥有者效应"，主要体现在负性情绪层面。在正性情绪体验层面，不存在"基于选择的逆拥有者效应"。在负性情绪体验层面，存在"基于选择的逆拥有者效应"。个体对为他人理财结果损失比为自己理财结果损失有更多的负性情绪。

第八章 "为自己理财"与"为他人理财"评价差异：尽责心、印象管理的作用

第八章介绍了第三章研究框架中的研究五，探讨了评价偏差的心理机制。研究五在研究四的基础上，通过双启动实验，采用2（尽责心：高，低）×2（印象管理水平：高，低）的被试间设计，研究尽责心与印象管理水平对逆拥有者效应的作用。

⊙ 第一节　责任分散与印象管理动机的作用

以往有关尽责心与结果评价关系的研究发现：责任分散的情况下（低尽责心水平），个体对结果的关注程度会降低，对结果的积极预期会减弱，表现较小的反馈负波 FRN；高尽责心条件下（相对于低尽责心）的损失结果诱发更大的反馈负波 FRN。有研究表明（Yu et al., 2013），在人际互动情景中，由于实验参与者的错误而导致对家（对方玩家）接受惩罚时，尽责心会导致内疚情绪，继而诱发个体对他人的补偿行为，相关脑神经机制的研究表明，中脑核区（Midbrain Nucleus）和前中部扣带皮层（anterior Mid Cingulate Cortex，aMCC）的激活与内疚和后续的补偿行为有关。

出于印象管理动机，个体维护积极的自我形象，介意自己的决策声誉。印象管理动机是指人们以一种满足自己需求和目的的方式来表现自己，有动力／动机去控制他人如何看待自己，也就是指导和控制他人对自己形成的印象，在他人面前根据自己的目的来表现或者不表现一些行为（Leary et al., 1990）。代理人给他人理财时，面临自己的决策声誉被他人评价的风险。具有较高的印象管理水平的个体，出于对个人声誉（Positive Self-image）的保护，当为他人理财失败时，会产生更多内疚情绪。

上述尽责心和印象管理都可能存在于"为他人理财"结果评价的心理过程中。尽责心是出于利他的动机并产生了利他的行为，印象管理是出于维护个人

决策名誉的利己动机，但可以产生利他的行为。采用启动实验法操控这两个自变量，观察他们对"自己—他人"结果评价情绪体验的影响，变量关系如图 8-1 所示。

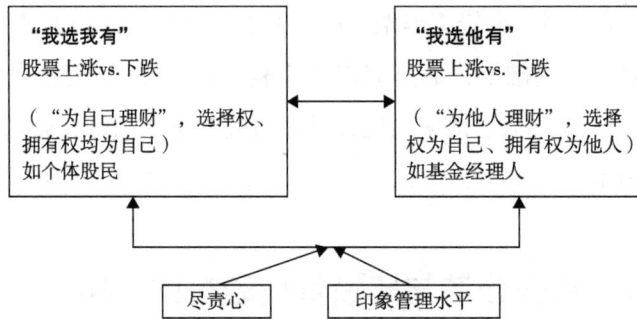

```
┌─────────────────────┐              ┌─────────────────────┐
│ "我选我有"            │              │ "我选他有"            │
│ 股票上涨vs.下跌       │ ←────────→  │ 股票上涨vs.下跌       │
│                      │              │                      │
│ （"为自己理财"，选择权、│              │ （"为他人理财"，选择   │
│ 拥有权均为自己）       │              │ 权为自己、拥有权为他人）│
│ 如个体股民            │              │ 如基金经理人          │
└─────────────────────┘              └─────────────────────┘
         ↑                                    ↑
          \                                  /
           \                                /
         ┌──────────┐      ┌──────────────┐
         │ 尽责心    │      │ 印象管理水平   │
         └──────────┘      └──────────────┘
```

图 8-1　研究的变量关系

➲ 第二节　"为他人理财"时"印象管理动机（决策声誉感）"与"尽责心"的双重作用

针对第三章发现在结果评价的认知层面的"基于自我选择的逆拥有者效应"，对于这个现象的影响因素研究仅仅是采用大五人格量表，得出尽责心与逆拥有者效应显著负相关的结果，只能推测尽责心可能对逆拥有者效应产生影响，但无法证明因果效应。研究四发现在结果评价的情绪感受层面的"基于自我选择的逆拥有者效应"，并指出是通过在结果损失诱发的负性情绪强度上的"自己—他人"情绪强度差异，而不是在结果获益诱发的正性情绪上产生差异。

前文对"为自己理财"与"为他人理财"影响结果评价差异的机制进行讨论。推测在"为自己理财"与"为他人理财"之间个体会考虑以下因素：①尽责心：根据人格特质理论和资源分配理论，个体对他人理财有尽责意识 / 尽责心，会分配更多的资源（Witt et al.，2006），从而给予更多关注；②印象管理水平（对决策声誉的关注）：由于自我提升动机个体对自我概念有关事物的积极期待和积极评价，个人的决策声誉是与自我概念相关的内容。"为他人理财"对个体而言带来决策声誉的问题，为了得到他人的积极评价或者给他人留下良好的印象，高印象管理水平的个体对他人股票涨跌更敏感；③自利倾向：根据理性经济人假设，个体对个人拥有的利益关注度较高。

本章通过两个实验验证了"基于自我选择的逆拥有者效应"的心理机制。本章的实验一，根据第七章发现的在结果评价的情绪感受上的"基于自我选择的逆拥有者效应"仅仅体现在负性情绪感受这个层面，采用问卷法测量探究"为他人理财"结果下跌时诱发的负性情绪的归因倾向，是更倾向于认为产生的损失是因为"为他人负责"，还是主要因为印象管理而关心"个人决策声誉"。

本章的实验二，在第七章（情绪效应）与本章实验一（负性情绪归因）的基础上，通过双启动实验，研究"基于自我选择的逆拥有者效应"心理机制：操纵个体的"印象管理（决策声誉感）倾向"与"尽责心"的水平，观察其对"自己（'我选我有'）—他人（'我选他有'）"股票结果损失的情绪感受影响。进一步探讨出于利己认知的印象管理导致的对决策声誉的重视，与出于利他认知的对他人尽责心，都能够导致行为表现上的利他性（更关注他人理财结果）。但是，究竟哪个因素的作用更大、两个因素之间的交互作用如何，都值得探讨。

以往有关尽责心与结果评价关系的认知神经科学研究发现：责任分散的情况下（低尽责心水平），个体对结果的关注程度会降低，对结果的积极预期会减弱，表现较小的反馈负波 FRN；高尽责心条件下（相对于低尽责心）的损失结果诱发更大的反馈负波 FRN。有研究表明（Yu et al., 2013），在人际互动情景中，由于实验参与者的错误而导致对家（对方玩家）接受惩罚时，尽责心会导致内疚情绪，继而诱发个体对他人的补偿行为，相关脑神经机制的研究表明，中脑核区（Midbrain Nucleus）和前中部扣带皮层（anterior Mid Cingulate Cortex，aMCC）的激活与内疚和后续的补偿行为有关。

出于印象管理动机，个体维护一个积极自我形象，从而关心自己的声誉问题。印象管理动机是指人们以一种满足自己需求和目的的方式来表现自己，有动力/动机去控制他人如何看待自己，也就是指导和控制他人对自己形成的印象，在他人面前根据自己的目的来表现或者不表现一些行为（Leary et al., 1990）。代理人给他人理财时，面临自己的决策声誉被他人评价的风险。具有较高的印象管理水平的个体，出于对个人声誉（Positive Self-image）的保护，当"为他人理财"失败时，会产生更多内疚情绪。

上述尽责心和印象管理都可能存在于"为他人理财"结果评价的心理过程中。尽责心是出于利他的动机并产生了利他的行为，印象管理是出于利己的动机，但可以产生利他的行为。实验二将采用启动实验的方法操控这 2 个自变量，观察他们对"自己—他人"结果评价情绪体验的影响。

第三节　研究五 a："为他人理财"损失时"决策声誉—尽责心"更倾向于尽责心

一、实验材料和实验流程

实验参与者是北京大学自考生 88 人，平均年龄为（28.63±4.81）岁。其中，男 28 人，女 60 人。实验材料同研究四的情景材料，阅读实验材料后回答如下问题。

当为他人选择的股票 B 大额度损失（下跌 9%）而你感到内疚时，你觉得这种内疚的体验有多大程度是因为它会影响到你的决策声誉（如你的决策导致的股票损失，对方会因此对你有负性评价，你担心破坏自己在他人心中的印象而感到内疚），有多大程度是因为你要为此事负责（如你是出于自己要对这件事负责而深感内疚）？

（选择 1 表示更倾向于左边，选择 7 表示更倾向于右边）

个人决策声誉

1---------2---------3---------4---------5---------6---------7

对此事负责

二、结果与讨论

本实验的问题是陈列在研究四情绪效应后面的，因此，我们在实验材料的呈现中保留了题目原始的题号。研究四已经通过操作性检验证明了情景想象的有效性，请参看研究五 a 相应部分的结果。

探讨尽责心、个人声誉对股票损失诱发的负性情绪的影响。"为他人理财"

结果损失在"个人决策声誉—对此事负责"题目上得分高，表明尽责心权重比个人决策声誉的权重大。该题目得分（$M=4.38$，$SD=1.55$）与中值 4 分做独立样本 t 检验，发现 $t(87)=2.283$，$P<0.05$，得分显著高于中值 4 分。这表明，个体认为，"为他人理财"结果损失，更多的归因于"对此事负责"而不是"影响个人决策声誉"。

➡ 第四节　研究五 b："为他人理财"损失时，"尽责心"作用大于"印象管理动机"

两因素组间设计：2（尽责心：高，低）×2（印象管理动机：高，低）。有工作经验的研究生 116 人，平均年龄是（28.45 ± 4.59）岁。其中，男 36 人，女 80 人。

研究五 b 在研究五 a 的基础上进行双启动实验，研究"基于自我选择的逆拥有者效应"内在机制：印象管理（决策声誉感）水平与尽责心水平对个体"自己（'我选我有'）—他人（'我选他有'）"股票结果同时损失的情绪感受影响。采用 2（尽责心：高，低）×2（印象管理水平：高，低）被试间设计。实验参与者分成 4 组，"高尽责心 + 高印象管理水平"启动组 31 人；"高尽责心 + 低印象管理水平" 29 人，"低尽责心 + 高印象管理水平" 28 人，"低尽责心 + 低印象管理水平" 28 人。

一、实验材料和实验流程

实验材料在研究五的基础上进行增加，将尽责心这一自变量通过启动责任分散的情景设置为高水平尽责心、低水平尽责心。将印象管理这一自变量通过启动关注决策声誉的程度设置为高水平声誉关注、低水平声誉关注。

（一）印象管理水平启动

A. 高水平声誉关注材料：

在纷繁复杂的社会中，个人在工作状态下的声誉对我们特别重要。他人对我们的评价，反映了我们在他人心目中的形象，同时也形成了个人的声誉。声誉是建立良好信任关系的基础。有口皆碑的良好声誉是经过大家多次评价获得的，而一个欠佳甚至不良的声誉更是会一传十、十传百。当你帮助他人做了一个漂亮的决策，你将收获一个好的评价，有助于形成积极的自我形象；当你很不幸给他人做了一个失误的决策，有可能获得一个差评，不利于自我形象的维护。因此，个人做事的名誉、声誉是十分重要的。

下面，请你回忆并写出一两件与自己声誉有关的事情，如你做过的一件事，得到了他人的赞扬（80字以内或80字左右即可）。

B. 低水平声誉关注材料：

在下面所进行的实验中，将会出现"你为他人"进行决策的实验情景，请放心，你为其他人所做的决策绝对不会被告知对方。实验的参与者都是匿名的。

对于声誉关注A/B启动材料的操作性检验题目：

你觉得在本实验情景中，为他人做决策的结果好坏会多大程度上影响你的个人决策声誉？（1非常不影响，7非常影响）

1———————2———————3———————4———————5———————6———————7

（二）尽责心水平启动

尽责心的启动材料是根据研究四的情景材料修改的，我们设定"自己一个人为他人理财"是高水平的尽责心启动，而"多个人（3个人）为他人理财"对实验参与者个人而言，是低水平的尽责心启动。该启动方式参照了Li等人（2010）的责任分散启动范式，他们研究发现，个体被启动高/低水平的尽责心时，对自己的结果评价产生了差异，也就是说，对自己结果的敏感程度随着尽责心的下降而有所下降。本文采用了类似的启动方式（将单人作业变为多人作业，以降低尽责心水平，增加责任分散），运用到模拟理财购买范式中，关注自己决策的股票，对自己—他人的结果评价的影响。

高水平尽责心材料是采用研究四中的情景材料，与低水平尽责心启动材料相比，对个人行为的描述是"你为他选择一只股票"。具体材料陈述如下。

A. 高责任启动组材料

请想象如下情景：

你正在参加一个模拟选股票的游戏，游戏结尾会呈现股票涨跌结果。经过思考和判断，你为自己选择了一只股票 A，并出钱购买。这只股票的结果将决定你的被试费。被试费基准是 10 元，股票上涨 9%，将额外获得 9 元，如果下跌 9%，将额外损失 9 元，也就是只获得 1 元被试费。

此外，一位上一届的和你学号尾号相同的学生也来参加这个实验，你们并不认识。任务要求是需要你为他选择一只股票，由他出钱投资购买。经过思考和判断，你为他选择了一只股票 B，他出钱投资购买。这只股票的结果将决定他的被试费：基准是 10 元，股票上涨 9%，将额外获得 9 元，下跌 9%，将额外损失 9 元，也就是只获得 1 元被试费，而你的被试费 10 元不变。

请注意：文中股票 A 与股票 B 的初始股价是相同的。

低水平尽责心的启动是将高水平尽责心中"你为他选择一只股票"替换为"你和你班上的另外两位同学，一共 3 个人共同为他选择一只股票"。具体如下。

B. 低责任启动组材料

请想象如下情景：

你正在参加一个模拟选股票的游戏，游戏结尾会呈现股票涨跌结果。经过思考和判断，你为自己选择了一只股票 A，并出钱购买。这只股票的结果将决定你的被试费。被试费基准是 10 元，股票上涨 9%，将额外获得 9 元，如果下跌 9%，将额外损失 9 元，也就是只获得 1 元被试费。

此外，一位上一届的和你学号尾号相同的学生也来参加这个实验，你们并不认识。任务要求是需要你和你班上的另外两位同学，一共 3 个人共同为他选择一只股票，由他出钱投资购买。经过思考和判断，你们为他选择了一只股票 B，他出钱投资购买。这只股票的结果将决定他的被试费：基准是 10 元，股票上涨 9%，将额外获得 9 元，下跌 9%，将额外损失 9 元，也就是只获得 1 元被试费，而你的被试费 10 元不变。

请注意：文中股票 A 与股票 B 的初始股价是相同的。

操作性检验题目：

你觉得在本实验情景中，自己对"为他人做决策时结果好坏"负有多大的尽责心？（1 非常小，7 非常大）

1————————2————————3————————4————————5————————6————————7

实验参与者进行声誉与责任的双启动后，需要填写一道题，如下：

在刚才情景中，为自己选择的股票 A 与为他人选择的股票 B 同时出现了大幅下跌（如 8%），你对谁的结果有更多的负性情绪体验（如难过）？

（选择 1 表示更倾向于左边，选择 7 表示更倾向于右边）

为自己选择的股票 A

1——————2——————3——————4——————5——————6——————7

　　　　　　　　　　　　　　　为他人选择的股票 B

二、实验结果

对尽责心、印象管理水平的启动进行操作性检验。发现：印象管理启动效果显著，高水平印象管理启动组实验参与者在操作性检验条目上的得分（$M=5.73$，$SD=1.32$）显著高于低水平印象管理的启动（$M=3.65$，$SD=1.41$），t 检验分析差异显著，$t(115)=8.16$，$P<0.05$。尽责心启动效果显著，高水平尽责心启动组实验参与者在操作性检验条目上的得分（$M=6.20$，$SD=1.20$）显著高于低水平尽责心启动（$M=4.89$，$SD=1.91$），t 检验分析差异显著，$t(115)=4.42$，$P<0.05$。

2（尽责心：高，低）×2（印象管理水平：高，低）两因素 ANOVA 交互作用显著，$F(1, 115)=5.408$，$P=0.022$，η^2 partial$=0.146$。这表明在尽责心高、低不同水平下，印象管理水平的高低对结果损失诱发的负性情绪强度具有调节作用。

印象管理水平主效应不显著，$F(1, 115)=1.941$，$P=0.166$，η^2 partial$=0.017$。尽责心主效应显著，$F(1, 115)=32.200$，$P<0.001$，η^2 partial$=0.223$。高尽

责心水平比低尽责心水平对负性情绪强度感受的影响更大（均值方差等见表 8-1）。人们"为他人理财"结果损失而感到难受的时候，主要是受到尽责心的影响，而不是受印象管理水平的影响。

简单效应分析结果如图 8-2 所示，各个条件下的得分描述性统计如表 8-1 所示。得分越高表示"自己—他人"同时损失时，自己对他人的损失情绪体验更加强烈。无论是对于高水平的印象管理启动组（红色柱形条），$F_{(1, 59)}=39.705$，$P < 0.001$，η^2 partial=0.406，还是对于低水平的印象管理启动组（蓝色柱形条），$F_{(1, 55)}=4.61$，$P < 0.05$，η^2 partial=0.076，高尽责心个体在为他人理财结果损失诱发的负性情绪上得分均显著高于低尽责心个体，$P < 0.05$。也就是说，无论印象管理水平高低，尽责心的效应都非常强。这也进一步证明，人们"为他人理财"结果损失而感到难受的时候，主要受到尽责心的影响。

此外，在低水平尽责心启动组中，印象管理水平的高低并不发挥作用，$F_{(1, 56)}= 0.296$，$P=0.588$，η^2 partial=0.005（见图 8-2 的右侧两根柱形条）。在高水平尽责心启动组中，高水平印象管理启动的个体比低水平印象管理启动的个体表现更多的"对他人结果损失"的负性情绪，$F_{(1, 56)}=12.292$，$P < 0.001$，η^2 partial=0.177（见图 8-2 的左侧两根柱形条）。

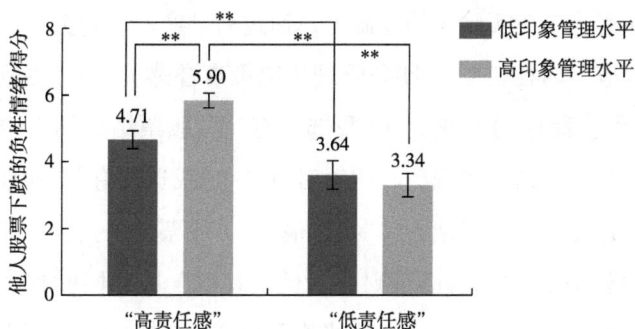

图 8-2　高低责任水平与高低印象管理水平启动对他人结果损失诱发的
负性情绪的影响（见书末彩插）

注：**$P < 0.01$，N.S. not significant。

表 8-1 高、低责任水平与高、低印象管理水平双启动组中 "他人结果损失"
所诱发的负性情绪的强度

	平均值	标准差	样本数
高责任组	M=5.34	SD=1.42	N=59
低责任组	M=3.49	SD=2.05	N=57
高声誉组	M=4.67	SD=2.02	N=60
低声誉组	M=4.18	SD=1.92	N=56
高责任高声誉	M=5.90	SD=1.19	N=31
低责任高声誉	M=3.34	SD=1.89	N=29
高责任低声誉	M=4.71	SD=1.41	N= 28
低责任低声誉	M=3.64	SD=2.23	N= 28

三、结果讨论

研究五通过两个实验验证了基于自我选择的逆拥有者效应的心理机制。研究五的实验一测量实验参与者对 "为他人理财" 结果下跌时诱发的负性情绪的归因倾向，结果发现，在导致个体对他人结果损失产生负性情绪的原因中，存在 "为他人负责" 和 "因为印象管理而关心自己决策声誉" 这两个因素。其中，"尽责心" 因素的作用大于 "印象管理"。

研究五的实验二在实验一的基础上，通过启动实验，研究 "基于自我选择的逆拥有者效应" 内在机制："印象管理（决策声誉感）" 与 "尽责心" 对个体在 "自己（'我选我有'）—他人（'我选他有'）" 股票结果损失诱发的负性情绪感受倾向的影响。结果发现，相比于对自己（"我选我有"）股票损失的负性情绪，尽责心越高的个体对他人（"我选他有"）股票结果损失的负性情绪体验更加强烈。也就是说，"为自己理财—为他人理财" 股票同时损失时，尽责心水平增加对 "为他人理财" 的负性情绪感受强度，是影响 "基于自我选择的逆拥有者效应" 的一个因素。

同时，实验结果还发现了尽责心和印象管理的交互作用。对高尽责心水平的实验参与者群体而言，面对为他人所选（"我选他有"）股票结果损失时，高印象管理水平的个体比低印象管理水平的个体产生更大的负性情绪反应。也就是说，对于高尽责心的个体，其印象管理水平越高，对他人结果则有越强烈的情绪体验；对于低水平尽责心个体而言，其印象管理水平也不能弥补低尽责心所带来的较弱的情绪体验，从而个体表现的对他人的损失比较冷漠。这说明，印象管理具有调节作用，仅仅体现在实验参与者本身具有高尽责心水平时，印象管理水平的高低影响"基于自我选择的逆拥有者效应"的强弱。

研究五的两个实验结果进一步解释了第五章的发现、重复印证了第七章的发现，并发现了解释基于自我选择的逆拥有者效应的机理，揭示了尽责心、印象管理在金融活动中的心理社会意义。

第九章 股票涨跌与股票幅度对"观望他人理财"结果评价的作用

第九章介绍了第三章研究框架中的研究六，采用2（股票结果：上涨，下跌）×2（当日股值变化幅度：大～9%，小～3%）的被试内设计，关注涨跌幅度大小对评价他人涨跌结果的调节作用。个体对他人结果的冷漠态度，是否会随着他人股票涨跌幅度变化而变化呢？针对研究二发现的个体对不相关他人的股票表现出的冷漠反应，研究六考察了结果大小对他人理财评价的影响。

➡ 第一节　观望他人的理财损失：是同情还是幸灾乐祸？

神经经济学研究表明，个体对他人的负性反馈结果（如损失）表现高度的同情心甚至是利他行为。如 Yu 和 Zhou（2006）发现，他人的获益和损失诱发了同自己的获益和损失相类似的 FRN 模式。前文提到了，FRN 波是违反预期的负性刺激诱发出来的，Yu 和 Zhou（2006）认为个体对他人类似的损益也表现出与自己损益类似的神经机制，表明个体的观察学习效应。个体对损益的不同反应体现了"结果效价"对结果评价的影响。然而，另外一些研究并不同意这个观点。人们面对他人的损失，可能会表现同情，也可能会表现一种负面情绪，对他人的不幸而感到快乐，如幸灾乐祸。以往有研究发现，在行为层面的（Feather et al.，2002）和神经层面的（Takahashi et al.，2009）幸灾乐祸的情绪体验。然而，在神经金融学领域，个体观察他人结果所表现出来的负面情绪（如嫉妒、幸灾乐祸等）的神经机制还较少被人研究。以往研究发现的个体对他人经济行为结果所表现出来的诸如同情、冷漠等情绪，是反映人性本善或者冷漠的一面。而他人结果评价所诱发的幸灾乐祸则反映了人性本恶的一面。那么，人们什么时候会对他人的损失表现同情，什么时候会表现幸灾乐祸呢？

一些情景下，个体对他人表现出更少的同情。请想象某人输了100美元，我们会同情他。如果他输掉了 1 000 000 美元而不是 100 美元，我们会有什么样的情绪感受？如果是一个贪婪而富有的人，我们可能认为他输了 100 美元是无所谓的，输了 1 000 000 美元更应该是得到的惩罚，也就是说，对其大额度损失表现幸灾乐祸而不是同情。这种情况体现了"数量效应"。我们推测，导致个体对他人结果评价在情绪的性质（积极、消极）发生反转的因素可能是结果变化量的大小。

本研究关注在股票市场背景下，"结果效价"和"数量效应"影响个体（自己）对他人结果评价。股票市场比以往结果评价范式中的模拟赌博游戏涉及更大数量的金钱额度变化。Slonim 和 Roth（1998）发现在一个最后通牒任务中，当股票价值高的时候，玩家会减少持有股票的数量（减持）；当股票价格低的时候，他们并没有改变股票持有量。股票结果大小（股价高低）影响到个体对结果的评价。

金融市场中的个体之间的关系是心理距离较远的陌生人关系。被评价的目标个体"他人"与"自己"之间存在"人际距离效应"。如我们对自己熟悉的人（家人、朋友）的损失会表现同情心和共情反应，但是对一个陌生人却较少表现同情心。这种情况体现了"人际距离效应"。本书中前面的研究也提到了个体对人际距离较近（熟悉度高）的他人表现出更多的同情反应。根据解释水平理论（The Construal Level Theory，CLT）（Fujita et al.，2006；Stephan et al.，2010），人们表征、构建事件有着不同抽象化水平。解释水平理论认为，个体把心理距离较近的事物感知为相对具象化的（低水平的心理构建），而把心理距离上较远的事物感知为相对抽象化的（高水平的心理构建）。在股票市场中，陌生人的股票购买行为与个体心理距离上较远，因为个体对他人有关的事物进行更加抽象化的心理构建，从而表现出相对理性的认知和相对较弱的情绪反应，即表现相对较少的同情心。两个原因解释这个推测。首先，根据解释水平理论，我们接受一个高水平的心理构建过程：全局的、抽象的和概念驱动的。加工他人信息时采用的是高水平心理建构过程。因此，我们从更加理性和抽象化的角度思考问题，从而考虑股票市场的不可预期特性：风险和不确定性。仔细思考的结果帮助我们接受事实：尤其在评价股票市场中他人行为结果时，损失是一个很有可能出现的结果，而获益是没有那么高概率出现的结果。

所以，我们预期他人结果会出现损失，也就是说，他人的股票下跌是一个正常的结果，而不是一件出乎意料的偶然发生的不幸事件。其次，根据"积极性—亲密度"假设，物理上的亲密度，如人际距离，会增加个体之间的积极评价。而被评价对象的鲜活程度（Vividness）可以中介人际亲密度与评价积极性（得到好的评价的趋势）之间的关系，人际距离近带来的亲密感让被评价的客体变得生动鲜活，评价者易给出积极评价（Alter et al.，2011）。我们模拟股票购买范式中的被评价的／被观察的玩家是实验材料中出现的，需要让实验参与者想象的，以往的赌博游戏任务中的被评价的／被观察的玩家是真实存在的（假被试）。本研究中的目标个体非但是陌生的、匿名的，而且是不那么生动鲜活的。因此，实验参与者很难对目标个体结果评价方面表现积极的期望。同时，对其损失结果难以表现出同情心。

也有一些其他证据支持人际距离效应。远距离交流比面对面交流的交流质量更低（Baltes et al.，2002；Stuhlmacher et al.，2005），表明物理距离和心理距离增大，则亲社会动机和亲社会行为相对减少。在股票市场中，个体对于人际距离较远的陌生人股票表现出低水平的积极结果期望，同时对他们的损失也易于接受。另外，竞争者数量增加会削弱竞争动机，也就是 N-effect 效应（Garcia et al.，2009），股票市场中的股民数量很多，大家同时产生股票购买的行为，相比赌博游戏任务中的几个玩家的状态，由于股民数量多，竞争动机会受到削弱，从而对其他股民的股票结果的输赢就没那么关注。因此，我们假设个体对他人股票结果表现出非同情的反应，甚至对他人的损失幸灾乐祸。

当前研究采用脑电技术手段，关注反馈相关负波 FRN 脑电成分。FRN 被认为是大脑前扣带回产生的脑电成分（Gehring et al.，2002；Holroyd et al.，2002）。从 FRN 对应的心理过程来看，个体对消极反馈比积极反馈诱发更负走向的 FRN 波（FRN 幅值上更偏负）（Miltner et al.，1997），对不期望的结果比对期望的结果诱发更负走向的 FRN 反应，FRN 与反馈违反个体预期有关（Nieuwenhuis et al.，2004）。

本研究通过记录实验参与者对他人股票大涨大跌和小涨小跌的脑电反应，以 FRN 为因变量的指标，研究股票"结果效价（涨跌）"和"数量效应（大小）"对结果评价的影响。

第二节　观望他人微小损失时冷漠，大幅损失时幸灾乐祸——来自 FRN 波的证据

一、研究六的实验设计与实验流程

本实验采用 2（股票结果：上涨，下跌）× 2（当日股值变化幅度：大～9%，小～3%）（Takahashi et al., 2009）的被试内设计。一般来说，对于当日的 0～10% 的股票涨跌变化而言，5% 的股值变化是变化的中值，我们认为高于 5% 为较大幅的涨跌，低于 5% 为较小幅的涨跌。据此，本实验范式中采用 3% 作为股价的小变化，9% 作为股价的大变化。

实验参与者是 20 名健康的大学生，9 名男生，11 名女生，平均年龄是（21.55±2.46）岁。实验参与者获得 100 元作为实验酬劳。实验符合伦理标准和《世界医学协会赫尔辛基宣言》。

实验材料、实验流程与数据预处理

主试通过指导语告诉实验参与者：近期股票市场波动不稳定，股民小张刚刚挑选了 3 只股票 Y1/Y2/Y3，并出资购买。同时，自己也在股票市场中选择并购买了 3 只股票 A1/A2/A3。你的实验任务是观察自己购买和他人购买股票的涨跌情况，并在相应的身份辨别问题出现时进行按键反应。身份辨别问题屏将出现"出资？"，需要判断刚才呈现的股票购买人，左键（n 键）代表自己，右键（m 键）代表他人。

为了保持实验参与者内反应顺序平衡，按键顺序在实验后半段进行调换。即左键（n 键）代表他人，右键（m 键）代表自己。

实验程序包含 156 个试次，2（股票结果：上涨，下跌）× 2（当日股值变化幅度：大～9%，小～3%）组成的 4 个实验条件，每种条件下有 39 个试次。4 种条件出现的顺序是随机的。单试次内刺激出现顺序（图 9-1）：第一屏是白色十字标注视点，呈现 500 ms，所有屏背景为黑色，呈现对象为白色；第二屏是股票名称（如 Y1）呈现 1000 ms；第三屏是黑色空屏，呈现时间为

200 ms、300 ms 或 400 ms；第四屏是 800 ms 的股票涨跌百分比，大为 9%，小为 3%，涨跌由向上向下的箭头符号表示；第五屏是黑色空屏，呈现时间为 200 ms、300 ms 或 400 ms；第六屏是问题呈现屏，"出资？"用于提示实验参与者判断刚才出现的股票是自己的还是他人的；第七屏是黑色空屏，呈现时间为 200 ms、300 ms 或 400 ms。整个实验中间有 5 分钟休息时间。

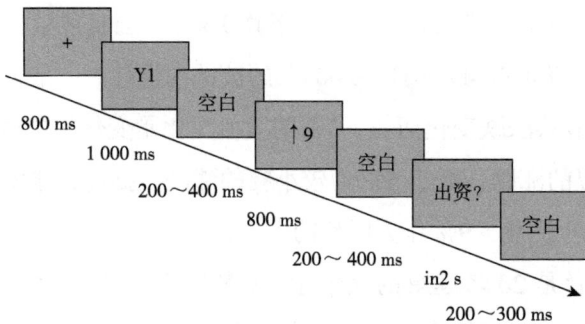

图 9-1　单个试次的流程

实验任务结束后，让实验参与者填写一个 7 个条目的观点采择量表，这个量表来源于戴维斯人际反应的子量表（Interpersonal Reactivity Index，IRI）（Davis et al.，1980）。条目举例，"有时我会想象朋友们如何看事情，从而更好地理解他们"。科隆巴赫阿尔法信度系数在本研究中是 0.69。实验参与者也完成了一个 40 个条目的 Mini-marker 版本的大五人格量表（Saucier，1994），包含 5 个维度（外向性、宜人性、尽责心、情绪稳定性和开放性）。这是一个广泛使用的大五人格测验，因为它短小并且能够很方便地使用于实验室环境中。这 5 个维度的科隆巴赫阿尔法信度系数为 0.81 ～ 0.92。我们采用大五人格中的宜人性和观点采择来双重检验实验参与者在不同实验条件下的脑电反应。

ERP 数据采集：

本研究使用的是 32 导脑电记录仪，基本的仪器数据、ERP 实验的操作流程等（如眼电位置、参考点设定、降阻等）与前面设计 ERP 的研究（第五章）相同。采用一个眼动校准算法来处理眼动尾迹，采用回归分析平均去掉肌电等尾迹（Semlitsch et al.，1986）。其中，有 6 名实验参与者的人工尾迹成分过多，导致在计算单个条件下的有效试次数少于30，因此剔除这6名实验参与者，最后有效实验参与者是20名。

EEG 数据分析：

数据预处理：同研究二，采用 BP 数据分析系统（Brain Products, Munich, Germany）分析 EEG 数据。所有数据均以左右侧乳突记录点的平均值作为离线参考。离线滤波通道是带宽 0.1 ～ 30 Hz。设定尾迹的标准是正负 80 微幅，超过这个数值将被剔除相应试次。要考查的股票变化一屏时间窗为刺激呈现的 –200 ～ 800 ms。其中，刺激前的 200 ms 作为基线水平。0 ～ 800 ms 根据 –200 ～ 0 ms 进行基线校正。

波形成分的选取：我们关注的 ERP 成分是 FRN 波。对每种条件下的试次做波峰检测，并将每 20 ms 的平均波为一个单位，从 0 ms 开始分析，直到找出差异显著的 320 ～ 360 ms 的波段，波峰也处于刺激呈现后的 320 ～ 360 ms 的时间窗内。系统记录下波幅和潜伏期。4 个条件的 ERP 波在经历去尾迹、叠加平均后的有效试次数在 31 ～ 39。

FRN 分布电极点的选取：

根据脑地形图上 320 ～ 360 ms 时间窗内的 FRN 波分布情况（图 9–2），基本分布于前额叶—中线位置区域。前人文献表明，FRN 波形最负走向的位置在前额叶—中线上（Hewig et al., 2007; Jia et al., 2007; Yeung et al., 2005）。结合前人文献中常采用 *Fz* 电极点上的 FRN 波分析（Hajcak et al., 2006; Li et al., 2010）。本研究也选取 *Fz* 电极点的 FRN 进行分析。同时，参考前人有关 FRN 波的选取标准（Talmi et al., 2013），采用 FRN 波潜伏期和波峰来作为 FRN 波的分析指标。

二、实验结果

对于 4 种条件下的 FRN 波的潜伏期进行描述性统计：他人小涨（*M*=325.15 ms，*SD*=40.78），他人小跌（*M*=323.15 ms，*SD*=38.32），他人大涨（*M*=336.35 ms，*SD*=37.90），以及他人大跌（*M*=329.95 ms，*SD*=41.88）。对 2（股票结果：上涨，下跌）× 2（当日股值变化幅度：大～ 9%，小～ 3%）进行两因素重复测

量方差分析发现，对在 Fz 电极点上的 FRN 潜伏期而言，股票结果效价和股价变化幅度的交互作用不显著，$F（1，19）= 0.08$，$P=0.779$。股票结果效价的主效应不显著 $F（1，19）=0.32$，$P=0.576$。股值变化幅度的主效应不显著 $F（1，19）= 1.24$，$P=0.279$。

FRN 波是一个负波，负走向的 ERP 成分，其波峰越大表明峰值越负；FRN 波幅值越负走向，表明 FRN 效应越强。对于在 Fz 电极点上的 FRN 波峰而言（描述性统计如图 9-2 所示），股票结果效价与股值变化幅度的重复测量方差分析发现，交互作用显著，$F（1，19）=8.22$，$P=0.010$，η^2 partial=0.302。在他人股票股价大幅的变化（9%）的情况下，实验参与者观察他人的获益所产生的 FRN 波峰幅值（$M=-4.50\ \mu V$，$SD=4.16$）显著地比观察他人损失产生的 FRN 波峰幅值（$M=-3.08\ \mu V$，$SD=3.20$）更负走向，$t（19）= 2.50$，$P=0.022$。以往文献中的个体对损失的 FRN 反应显著地比对获益的 FRN 反应更加负走向，说明他人损失相对于他人获益而言是更加违反预期的事件。也就是说，个体可能对他人损失产生同情反应。本研究中，个体对他人股票大幅涨跌的反应正相反。他人获益似乎比他人的损失更加违反实验参与者的预期，而他人的损失比他人的获益更加符合实验参与者的预期。这表明，个体没有对他人的大涨大跌产生同情，反而是不期望他人大涨，并期望他人大跌。

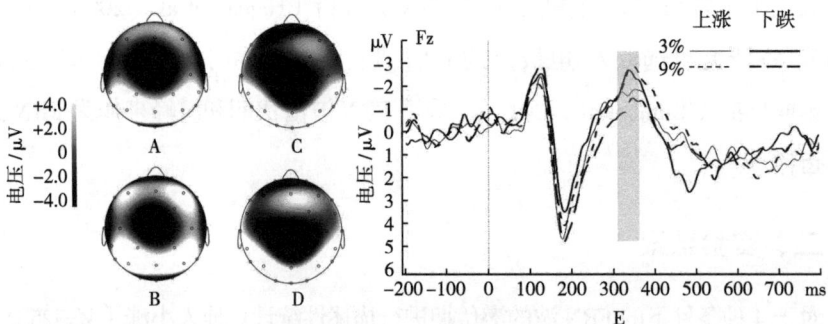

图 9-2　他人股票涨跌大小诱发的 FRN 波形和脑地形

在他人股票股价小幅变化（3%）的情况下，实验参与者对他人的小涨小跌表现漠然。实验参与者观察他人损失产生的 FRN 波峰幅值（$M=$ $-4.03\ \mu V$，$SD=3.09$）比观察他人的获益所产生的 FRN 波峰幅值（$M=-3.72\ \mu V$，$SD=2.86$）更负走向，但没有达到显著水平 t（19）$=0.05$，$P=0.490$，这个反应模式是与前人研究相一致的（图 9-3）。

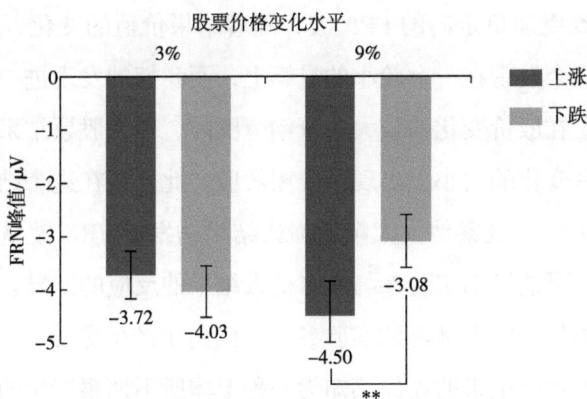

图 9-3　他人股票涨跌大小诱发的 FRN 波的峰值（见书末彩插）

注：$**P < 0.01$，$N.S.$ not significant。

实验参与者观察他人股票大幅下跌所产生的 FRN 波峰幅值与实验参与者个体宜人性人格维度显著的负相关（$r=-0.453$，$P=0.045$），与情绪稳定性维度呈边缘显著的负相关（$r=-0.420$，$P=0.065$），与人际反应子量表观点采择维度得分没有显著性的相关（$r=-0.347$，$P=0.134$）。这些结果表明，高宜人性个体对他人较大程度的损失（股票大幅下跌）表现出更大的 FRN 效应，表明他人的大跌违反预期，反映了较少的幸灾乐祸情绪反应。

三、结果讨论

本研究通过记录实验参与者在观察股票涨跌时的脑电反应，研究股票结果效价（涨跌）与股票变化幅度大小（大涨跌，小涨跌）的两因素对结果评价（结果违反预期程度）的影响。股价较小范围内波动时，实验参与者对他人股票的小跌比他人股票的小涨表现出更加负走向的 FRN 波，虽然并没有达到显著性水平。这个发现重复了之前神经经济学的研究结果，当实验参与者观察他人损失时，表现出同情或者冷漠的反应（Fukushima et al.，2006）。更重要的是，我们观察到在股价大范围变动时，实验参与者对他人股票大涨比他人股票大跌表现出显著性的更加负走向的 FRN 波，认为他人的大额度损失更加符合预期，而他人的大额度获益则违反预期。我们认为，这可能反映了实验参与者对他人损失的幸灾乐祸。前人的研究（Holroyd et al.，2004）观察到，金钱损失并不一定导致更加负走向的 FRN 波，随着结果价值的变化，FRN 波会随之变化。前人的这个发现在一个较小的量纲上，而我们的发现进一步细化了前人的研究，发现了在股价变化的较大的量纲范围内，他人股票结果诱发的脑电波在股票结果涨跌变化的大小上出现了分离效应。此外，在这个结果反馈的实验中，个体的宜人性与观察他人大幅的损失结果诱发的 FRN 波呈现负相关，也就是宜人性特质可能影响实验参与者对他人结果的反应的差异。在观察他人结果大幅损失的时候，宜人性高的实验参与者倾向于产生更加负走向的 FRN 波，表明能够将他人理财结果的损失感知为一种个体所不期望产生的负性结果。这个发现也支持了前人的研究，FRN 波会受到个人特质的影响。如 Li 和他的同事（Li et al.，2010）让实验参与者参加一个赌博游戏任务，实验参与者评价自己的输赢，那些被分配到高责任情景中的实验参与者显著地比那些被分配到低责任组的实验参与者对结果表现出更加负走向的 FRN 波，FRN 波是跟个体尽责心水平有关的。类似的，Fukushima 和 Hiraki（2009）观察到自我报告的同情心水平与观察他人结果所产生的 FRN 波有关。

我们的实验情景是基于较远的人际距离概念的。Fukushima 和 Hiraki（2009）发现，个体对赌博游戏结果变化产生的 FRN 波只存在于当这个游戏是由人类所决策的，而不是由电脑所决策的。采用社会距离的概念，在实验参与者和一个非生物的电脑之间的心理距离要远大于实验参与者和一个生命个体人类之间的距离。

在金融背景下，他人的大涨比他人的大跌对观察者（实验参与者）而言更加违反预期，从而诱发更加负走向的 FRN 波。人们似乎对他人的大涨是嫉妒的，从而难以接受；对他人的大跌是幸灾乐祸的，从而相对容易接受。并且，个体的宜人性越高，越将他人大跌结果感知为违反预期的结果，越少地对他人的大跌结果产生幸灾乐祸的情绪体验。他人的小跌比小涨更加违反观察者的预期（Fukushima et al., 2006），这一结果与前人研究相一致。股票市场中股价百分比变化很小的数值，将导致股值资产上发生很大的金额变化。在这个背景下发现的对他人结果涨跌评价在"结果变化幅度"大小上的分离，体现了结果评价中的"数量效应"。

本研究的发现有几个理论解释。第一，金融背景下个体之间存在着纯粹的资源竞争动机（Fukushima et al., 2009），而这种动机会阻碍个体对他人的损失表现出同情心。也有研究（Marcopallares et al., 2010）发现了类似的结果。该研究采用了三组观察者。第一组（中性组）仅仅观察了玩家的行为表现，观察者（实验参与者）看不到玩家游戏后的输赢结果；第二组是结果平行组，玩家的输赢结果跟观察者输赢结果是一致的模式；第三组是结果相反组，玩家赢钱会导致观察者输钱，玩家输钱会导致观察者赢钱。ERP波成分显示，在第三组中，观察者在玩家赢钱的时候出现了FRN波，因为玩家的赢钱意味着观察者（实验参与者）的输钱，因此，对他人的赢钱结果不能够接受。这个实验通过设置观察者和玩家之间的牵制关系，从而放大了个体的资源竞争动机，而这种动机会阻碍个体对他人表现出同情心。我们的研究也是模拟金融背景，个体之间潜在的竞争关系让实验参与者对他人的损失幸灾乐祸。未来的研究可以加入人际距离中的竞争性因素，从而调节个体对他人结果的评价。第二，前人研究者认为个体的获益效用不仅是来自于金钱的获益也来自被公平对待（Ochs et al., 1989）。较小的股票股价变化，公平感比金钱获益更重要。但是对于较大的股票股价变化，金钱获益比公平感的效用更大。根据资源竞争指令（Armstrong et al., 1976），资源是有限的，他人的获益有可能减少了个体可能获益的资源。在股价小幅变化时，个体对他人的赞许反应的效用会大于对资源竞争的效用。相反地，在股价大幅变化时，个体体验到更多的竞争带来的效用，并因此表现更多的自我服务的反应。我们没有对"自己"和"他人"之间的人际距离进行操控，未来的研究可以加入人际距离中的熟悉度这个因素，改变个体对他人的赞许度，从而对抗竞争性。熟悉度带来的赞许性可能会削弱个体对他人大跌的幸灾乐祸反应。

当前的发现对于理论和实践都有一些启示。前人有很多证据表明，FRN 波反映了个体对负性反馈的脑电反应，如输钱（Miltner et al.，1997）。也有证据表明是对所不期待的结果的反应，如自己所不能接受的结果（Nieuwenhuis et al.，2004）。本研究支持了 FRN 波与不被期待的结果刺激有关，而并不是与刺激本身的积极 / 消极有关。以往的研究发现，FRN 波在一定程度上反映了情绪动机，负性的个人情绪或者社会情绪对应的 FRN 波比正性的情绪对应的 FRN 波更加负走向（Rigoni et al.，2010）。我们的研究也支持了这一观点，FRN 波在本研究中反映了个体结果评价时的正性 / 负性的情绪反应，而不是结果本身的积极 / 消极。本研究在实践意义上，能够预防和预测股票市场中他人对自己股票大幅涨跌时内心的情绪状态。

本研究的局限在于采用的实验参与者都是没有股票经验的大学生，未来的研究应该采用具有股票经验的工作人士来体现真实的心理反应。本研究的范式也是采用了非常简单的数字百分比变化，并不是 K 线图、周线图等内容，未来的研究应该采用更加真实的刺激材料来模拟股票购买任务。

前人神经经济学研究发现人们对他人的不幸表现同情。本研究的发现在特定的情况下非但没有不同情，甚至还会表现类似幸灾乐祸的情绪反应。我们通过记录在股票市场背景下，个体对他人的大涨大跌或者小涨小跌的 FRN 波反应，来研究相应的情绪状态。我们采用社会距离框架假设在股票市场中他人是距离远的、未被定义的，并且模糊不清的。结果发现，当观察他人股票大跌比他人股票小跌时，在 Fz 电极点上的 FRN 波出现更小程度的负走向。这表明，他人的大跌似乎并没有违反个体预期的事件，也就是说，跟个体的预期是一致的。这种认知似乎反映了伴随产生的幸灾乐祸效应。也就是说，个体对他人股票大跌的 FRN 波效应比股票大涨更小，反映了人们可能对他人的较大额度的损失表现出较少的同情心甚至是幸灾乐祸。

➲ 第三节　理财结果评价偏差的 6 个研究结论

客体评价往往受到评价者与被评价对象之间关系（人与物的关系）、评价者之间关系（人与人之间的关系）的影响。本书主要考察在金融活动中选择权（自己选择或他人选择）、拥有权（自己拥有或他人拥有）这两个因素对股票理财产品的评价偏差。虽然前人对这两个因素在一般物品评价中的作用机制（如拥有者效应、选择者效应）有所探索，但对于其在股票结果评价中的心理社会意义及神经表达证据有待深入研究。本研究采用选择权（自己选择 vs. 他人选择）和拥有权（自己拥有 vs. 他人拥有）两两组合表征金融活动中的 4 种理财角色身份"为自己理财（自己选择、自己拥有）""为他人理财（自己选择、他人拥有）""委托他人理财（他人选择、自己拥有）""观望他人理财（他人选择、他人拥有）"，并采用多角色扮演同期动态反馈的实验范式，研究上述关系对理财结果评价的认知影响、情绪感受影响及其认知神经证据，由此探索金融活动中拥有者效应、选择者效应的特殊心理社会意义。其中，本书首次提出了基于自我选择情况下的逆拥有者效应的现象和机制。

本书研究一（$n=62$）采用 2（选择权：自己，他人）× 2（拥有权：自己，他人）× 2（股票效价：上涨，下跌）被试内设计，通过行为实验考察选择权和拥有权对理财结果（股票涨跌）的敏感性的独立作用和交互作用。实验任务是看完股票涨跌后，对股票所属的理财角色身份进行判断。结果发现，与他人拥有的股票涨跌相比，个体对自己拥有的股票涨跌反应更快，对自己的结果更敏感，表现出拥有者效应；与他人选择的股票涨跌相比，个体更关注自己选择的股票涨跌，表现出选择者效应。此外，选择权对拥有权的影响有调节作用：①对于都是自己选择的股票，相比我为他人选的（我选择他人拥有），实验参与者更关注自己给自己选的股票（我选择我拥有），出现拥有者效应；②对于都是他人选择的股票，相比他人给他自己选的（"他选他有"），实验参与者更关注他人给我选的股票（"他选我有"），出现拥有者效应；③对于都是自己拥有的股票，实验参与者对给自己选的（"我选我有"）与他人给我选择的股票（"他选我有"）敏感性一致，选择者效应消失；④对于都是他人拥有的股票，相比他人给他自己选的（"他选他有"），个体更关注我给他人选的股票（"我选他有"），选择者效应出现。上述结果反映了在结果评价的敏感性层面，拥有者效应作用强于选择者效应。我们推测，这可能体现了金融活动中拥有者效应和选择者效应这两种非理性偏差的现实心理社会意义。既维护自己的利益（财产的拥有），也维护自己的声誉（选择的正确性）。

研究二 a（n=22）采用事件相关电位技术记录股票结果评价的脑电波反应。仍采用同研究一的 2（选择权：自己，他人）× 2（拥有权：自己，他人）× 2（股票效价：上涨，下跌）被试内设计。采用股票下跌与上涨时的 FRN 波的差异波 d-FRN 作为因变量。结果发现：①实验参与者对我为他人选择的股票（"我选他有"）比我为自己选择的股票（"我选我有"）结果更敏感（更大 d-FRN）。主要体现在对他人损失比对自己损失更敏感，本书称之为股票结果评价中的"基于自我选择的逆拥有者效应"。并且尽责心高的个体的该效应更强。②个体对他人为我选的股票结果（"他选我有"）比他人为他人选择的股票结果（"他选他有"）更敏感（更大 d-FRN），表现拥有者效应。③我为自己选择的股票（"我选我有"）与他人为我选择的股票（"他选我有"）诱发的 d-FRN 没有显著差异，对于都是自己拥有的股票，选择者效应消失。④个体对我为他人选择的股票（"我选他有"）与他人为他人自己选择的股票（"他选他有"）更敏感（更大 d-FRN），对于都是他人拥有的股票，出现选择者效应。

研究二 b（n=26）选取具有股票经验的实验参与者群体，进行了与研究二 a 相同的实验。结果发现，控制股票经验后，仍出现与研究二 a 一致的结果。研究二从神经层面发现，个体对他人结果比对自己结果更加敏感，本书将这一现象定义为"基于自我选择的逆拥有者效应"。尽责心水平与对他人结果敏感性（d-FRN）的显著相关，反映了尽责心可能是逆拥有者效应的影响因素。后续的研究五将进一步探讨该效应的心理机制。研究一和研究二的结果说明，在都是自己选择的情况下，虽然对我选我拥有的理财身份反应更快（研究一），但对为他人选择的结果心理感受更强烈（FRN 效应更强）（研究二）。

研究三采用 Lasso 方法对研究二 ERP 数据进行机器学习建模。将研究二 b 的 26 名实验参与者 ERP 数据作为训练集，将研究二 a 的 22 名实验参与者 ERP 数据作为测试集。"我选我有"条件与"我选他有"条件的分类模型，"他选我有"条件与"他选他有"条件的分类模型，"他选我有"条件与"他选他有"条件的分类模型的预测能力较好。这 3 个模型筛选出来的具有主要区分能力的特征电极点都包含 Fz，这印证了结果评价领域 FRN 定位的相应脑区。但"我选我有"条件与"他选我有"条件的分类模型预测效果差。研究三构建了分类器模型，找出了具有区分效力的神经指标，并能够对理财活动中的身份属性（理财身份）进行预测和判断。

　　研究四（$n=88$）根据在认知评价方面的"基于自我选择的逆拥有者效应"（研究二），本研究从情绪感受层面印证了该效应。结果发现，实验参与者对自己、他人股票都上涨时，一样的开心（积极情绪差异不显著）。相比"为自己理财"股票损失，实验参与者对"为他人理财"股票损失（损失同等额度）更难过。综合研究二、研究四的结果，个体对"为他人理财"股票损失比"为自己理财"股票损失更加敏感，负性情绪更加强烈。

　　研究五研究"基于自我选择的逆拥有者效应"的心理机制。实验一（$n=88$）测量实验参与者对"为他人理财"结果下跌时诱发的负性情绪的归因倾向，结果发现"尽责心"的作用大于"印象管理"的作用。实验二（$n=116$）采用双启动实验范式，进行 2（尽责心：高，低）×2（印象管理水平：高，低）被试间设计，研究在"自己（'我选我有'）—他人（'我选他有'）"股票同时损失时，"印象管理（决策声誉感）"与"尽责心"对负性情绪感受的影响。结果发现，尽责心越高的个体对他人（"我选他有"）股票损失的情绪反应越强烈。对高尽责心水平的实验参与者群体而言，面对为他人所选（"我选他有"）股票损失时，印象管理水平高的个体比印象管理水平低的个体产生更强烈的情绪反应。研究五这两个实验结果进一步印证和解释了研究二、研究四发现的基于自我选择的逆拥有者效应，揭示了尽责心、印象管理在金融活动中的心理社会意义。

　　研究六（$n=20$）针对研究二发现的实验参与者对陌生他人（"他选他有"）的股票涨跌的冷漠反应（不敏感），加入了结果大小这一因素，采用 2（结果效价：上涨，下跌）×2（股值变化幅度：大，小）的被试内设计。结果发现，个体对他人股票小涨小跌反应不敏感（没有诱发 FRN 波显著差异）。他人股票大涨违反个体预期（较大 FRN 波），可能体现了嫉妒的情绪反应。他人股票大跌符合个体预期（较小 FRN 波），并且宜人性特质越低，其 FRN 效应越弱，可能体现了幸灾乐祸的情绪反应。这一结果给出了金融活动中对陌生人冷漠反应发生作用的可操作度量的边界条件。

本书通过行为反应时指标（研究一）、事件相关电位技术研究认知评价电生理指标（研究二、研究六）、机器学习建模（研究三）、问卷测量自陈式情绪感受（研究四）、启动实验法研究"基于自我选择的逆拥有者效应"心理机制（研究五），系统考察了理财关系中选择权、拥有权对股票结果评价的认知、情绪影响及其心理机制，解释了尽责心、印象管理在其中的作用及边界条件。该研究对于深入、细致分析经济行为中的心理特点具有一定的理论贡献。

通过上述 6 个研究发现的关于理财关系中选择权和拥有权对股票结果评价影响的证据，得出具体结论如下。

首先，拥有权、选择权会分别增加个体对结果的敏感度，尤其是对结果损失更加敏感（研究一、研究二），这反映了个体在理财行为中对个人利益（拥有资金变化）的敏感度，和对个人决策（选择正确性）的敏感性。

其次，本书发现了在金融活动中的"基于自我选择的逆拥有者效应"，个体对"为他人理财"结果好坏比"为自己理财"结果好坏更加敏感（研究二），主要体现在"为他人理财"结果损失比"为自己理财"结果损失诱发更加负走向的 FRN 波（研究二），在情绪感受上更加难过（研究四）。这个现象的心理机制是（研究五）：个体由于"为他人理财"的尽责心（利他认知）和印象管理水平（利己认知，关注个人决策声誉）而表现出在"我选我有"与"我选他有"结果同时损失时，对"我选他有"结果好坏有更强的负性情绪体验。其中，尽责心的影响作用强于印象管理的影响作用。相比于"为自己理财（'我选我有'）"股票损失，尽责心越高的个体对他人（"我选他有"）股票损失的情绪反应强烈。相比于"为自己理财（'我选我有'）"股票损失，高尽责心群体中的高印象管理水平的个体比低印象管理水平的个体对为他人所选（"我选他有"）股票结果损失感到更加难过。

我们通过机器学习的方法（研究三）建立了"基于自我选择的逆拥有者效应"的"为他人理财"与"为自己理财"的分类模型，发现了具有预测能力的基于事件相关电位的神经指标。

最后，本书针对研究二中发现的个体对他人股票小涨小跌反应不敏感（涨跌诱发的 FRN 波差异不显著）这一现象，表现出冷漠的反应；他人股票大跌显著地比大涨更加符合预期（涨比跌诱发更加负走向的 FRN 波），表示他人股票大跌很符合个体的预期，可能存在幸灾乐祸的情绪效应。这一结果给出了金融活动中理财产品的价值变化大小，对陌生人冷漠反应产生影响的可操作度量的边界条件作用。

本书系统考察了理财关系中的选择权和拥有权对股票结果评价的影响及其心理机制，揭示了其特殊心理社会意义，解释了尽责心、印象管理水平、自利在其中的作用。该研究对于神经金融学的研究具有重要的理论贡献和实践意义，尤其是对于在经济行为中人性特点的探讨具有一定的理论贡献。

第四篇　评价偏差对管理的启示

"耳听为虚，眼见为实"——中国谚语，强调亲眼所见的事实更可信，而听说的则需要谨慎对待。

"没有人可以凭自己的眼睛来管理一个事情。"——约翰·卡纳（John C. Maxwell），这句话强调了管理中的客观性和多角度的观察，避免个人主观评价对决策产生负面影响。

"你无法管理你不理解的东西。"——汤姆·彼得斯（Tom Peters），这句话提醒我们在管理中要努力了解情况，以避免评价偏差和误解对决策产生负面影响。

"坐井观天"——中国谚语，形容一个人因为环境的限制而对外界知识和见识缺乏了解和认知。管理者应该积极学习和拓展自己的知识和见识，不断开阔思维，以更准确地评估和决策。

第十章　评价偏差研究述评

第一节　主要内容回顾

本研究巧妙地将金融活动中复杂的理财问题，简化为管理心理学可以研究的问题。客体评价往往受到评价者与被评价对象之间关系（人与物）、评价者之间关系（人与人）的影响。本研究首次采用选择权（自己选择，他人选择）与拥有权（自己拥有，他人拥有）两两组合的设计，表征多种角色身份，通过10个研究，系统探索了选择权与拥有权如何独立地、交互地作用于金融理财结果评价（股票涨跌）及其中介机制和调节机制。

第一章、第二章介绍了评价偏差的定义、类型、应用场景及东方文化元素，总结了该现象的心理学理论。研究 1 ～ 6（第三章到第九章）系统考察了理财关系中的选择权和拥有权对股票结果评价的影响及其心理机制，解释了尽责心、印象管理水平、自利在其中的作用。

本文的 6 个研究首次采用选择权与拥有权的组合来表征金融活动中多种人与人之间的理财关系，采用多角色扮演和同期动态反馈的实验范式，通过行为反应实验、脑电实验（事件相关电位技术测量脑神经活动）、机器学习建模、问卷测量、双启动行为实验等方法系统考察了理财关系中的选择权和拥有权对股票结果评价的影响，探讨了尽责心、印象管理在其中的作用，以及认知神经水平的证据。

第三章介绍和分析了金融理财决策中的评价偏差及分析框架。第四章从认知层面，探讨选择权与拥有权对股票结果评价的作用，介绍了系列研究中的研究一（$n=62$），通过修改版内隐联想测验的行为实验，发现股票结果评价中拥有权和选择权的主效应。拥有者效应，与他人拥有的股票涨跌结果相比，个体对自己拥有的股票涨跌结果反应更快；选择者效应，与他人选择的股票涨跌结果相比，个体对自己选择的股票涨跌结果反应更快，以及交互作用分析得出拥有者效应作用强于选择者效应。

第五章采用脑电实验提供了股票结果认知评价的神经证据，共有研究二a和研究二b。研究二a（$n=22$）采用脑电实验（事件相关电位技术，Event-related Potential，ERP）研究理财角色身份对结果评价影响的脑电波证据，得出如下结论。

①个体对"为他人选股票"（"我选他有"）比"为自己选股票"（"我选我有"）结果更敏感（诱发更大的d-FRN，d-FRN是股票下降的FRN波减去上涨的FRN波）、更关注，我们称之为"基于自我选择的逆拥有者效应"，尽责心得分高的个体该效应也更强。

②个体对"委托他人选股票"（"他选我有"）比"观望他人选股票"（"他选他有"）的股票结果更加敏感（诱发更大的d-FRN），呈现了拥有者效应。

③"为自己选股票"（"我选我有"）与"委托他人选股票"（"他选我有"）诱发的d-FRN无显著差异，表明只要是自己出资的股票，无论是不是自己选择的都很关注，这表明结果评价的选择者效应消失。

④个体对"为他人选股票"（"我选他有"）"观望他人选股票"（"他选他有"）更加敏感（诱发更大的d-FRN），当股票均由他人出资时，出现了选择者效应。

⑤单独分析股票下跌诱发的FRN波，出现上述一致的结果，股票上涨诱发的FRN波上均无显著差异。这表明结果评价的d-FRN差异波效应，主要受到股票下跌的影响。

研究二b（$n=26$）在控制实验参与者的理财经验后，仍出现研究二a的结果。研究二从神经层面发现的"基于自我选择的逆拥有者效应"，反映了个体对"为他人理财"的结果比对"为自己理财"更敏感，后续的研究五探讨了该效应的心理机制。

第六章介绍了基于机器学习的股票结果差异探究，对应于系列研究的研究三，参照机器学习的方法应用于fMRI数据的研究（Wager et al.，2013），采用机器学习的方式分析ERP脑电数据。将研究二b的26名实验参与者结果作为训练集，研究二a的22名实验参与者结果作为测试集，使用Lasso法进行训练，建立分类模型并进行预测。结果发现"我选我有"与"我选他有"、"他选我有"与"他选他有"、"我选他有"与"他选他有"，这3个机器学习分类模型预测效果较好，具有主要区分能力的特征电极点是Fz。而"我选我有"与"他选我有"的分类模型预测效果较差。机器学习模型得出了研究二类似的发现，提供了认知神经层面的区分指标。

第七章介绍了"为自己理财"与"为他人理财"在情绪感受方面差异的研究，对应于系列研究中的研究四（$n=88$），探讨"基于自我选择的逆拥有者效应"的情绪层面表现。只要是自己的选择，无论是自己或他人拥有的股票上涨时都同样地开心；为他人选择的股票下跌时比为自己选择的股票下跌时更难过。研究发现了在情绪感受层面的"基于自我选择的逆拥有者效应"，主要体现在负性情绪层面。在正性情绪体验层面，不存在"基于选择的逆拥有者效应"；在负性情绪体验层面，存在"基于选择的逆拥有者效应"。个体对为他人理财结果损失比为自己理财结果损失有更多的负性情绪。

第八章介绍了"为自己理财"与"为他人理财"评价差异如何受到尽责心、印象管理的作用。对应于系列研究中的研究五，通过两个实验探讨"基于自我选择的逆拥有者效应"心理机制。实验一（$n=88$）发现"为他人理财"损失诱发的负性情绪，受到"为他人负责"和"自己的印象管理"这两个因素的作用，"尽责心"作用大于"印象管理"。实验二（$n=116$）通过启动实验发现两者的交互作用，人们在理财活动中的"利他行为"主要出于尽责心，印象管理仅在高尽责心水平群体中发挥作用，起到增益作用。这解释了"基于自我选择的逆拥有者效应"机制，揭示了尽责心在金融活动中的心理社会意义。

第九章介绍了股票涨跌与股票幅度对"观望他人理财"结果评价的作用，对应于系列研究中的研究六（$n=20$），发现了涨跌幅度的调节作用。个体对他人股票小幅下跌是冷漠反应，大幅下跌是幸灾乐祸。这一结果给出了金融活动中幸灾乐祸情绪发生作用的可操作度量的边界条件，有助于理解社会神经金融学领域理财背景下的幸灾乐祸效应。

本系列研究针对人类经济活动、管理活动中的现象与研究问题，将心理学基础学科的方法应用于表征复杂的金融行为，对于跨学科研究应用问题是一个积极的尝试。

①通过行为实验和认知神经科学的方法，发现了理财结果评价中的选择者效应与拥有者效应。

②发现金融活动中存在"基于自我选择的逆拥有者效应"：个体对"为他人理财"的结果损失比对"为自己理财"结果损失更加敏感，并在脑电波水平上诱发了更大的 d-FRN 波。

③机器学习建立了"基于自我选择的逆拥有者效应"的"为他人理财"与"为自己理财"等 3 个预测效果较好的机器学习分类模型，具有主要区分能力的特征电极点是 Fz。

④尽责心（利他认知）和印象管理动机（利己认知，关注个人决策声誉）解释了"基于自我选择的逆拥有者效应"机制：尽责心的作用强于印象管理的作用，理财活动中"利他行为"主要出于尽责心，印象管理仅在高尽责心水平群体中发挥作用，起到增益作用，在低尽责心群体中不发挥作用。

⑤发现了理财产品的价值变化大小（涨跌幅度）对他人结果评价的调节作用：对他人股票小幅下跌的冷漠反应，大幅下跌的幸灾乐祸反应。这一结果给出了金融活动中幸灾乐祸情绪发生作用的可操作度量的边界条件，揭示了某些情况下人性恶的一面（幸灾乐祸），有助于理解社会神经金融学领域理财背景下的幸灾乐祸效应。

第二节 研究内容上的创新与理论贡献

由尤金·法玛（Eugene Fama）于 1970 年深化并提出的有效市场假说（Efficient Markets Hypothesis，EMH）认为个体在股票市场是理性的，股票市场的信息是准确的。总体而言，本研究对于理性经济人的相关假说做出了补充和扩展。拥有者效应和选择者代表"股票"和"自我"的联系，使投资者产生了非理性认知评价。非理性的评价也就是认知偏差，将导致后续选择偏好的改变，从而影响下一步投资决策，进一步影响价格的错配，资产定价偏差，从而冲击了有效市场假说。

本研究采用心理学的理论和研究方法，探索在股票结果评价（股票涨跌）中，选择权和拥有权分别独立、交互地作用于评价偏差的现象和心理机制，以期为基金经理人从业者提供其职业压力的原因和证据，以及缓解其职业压力的调节因素，并从心理学角度为基金经理人从业者建言献策。

第一，在学科理论贡献方面，在客体评价领域进行有意义的探索和拓展。本研究创新性地采用选择权与拥有权是自己还是他人两两组合的框架表征金融理财场景与组织管理场景中的评价问题。如何贴近真实的理财场景，提高生态效度，是我们一直思考的问题。以往社会背景因素（Social Context Related Factors）对理财结果认知评价影响的相关研究中 [（包括行为研究和电生理研究（Li et al.，2010）]，往往是独立地研究单一因素对结果评价的影响，并且研究的内容不能很好地代表绝大部分的金融经济活动。因此，以往研究没能充分模拟经济生活中复杂（多种因素）却又真实（生态效度）的场景。本研究针对金融背景下最为频繁、受众人群最多的理财行为进行分析，巧妙地从心理学视角，采用选择权（自己，他人）和拥有权（自己，他人）两两组合表征经济活动中的4种理财角色（"我选我有"代表了为个人理财的个体股民；"我选他有"代表了为他人理财的基金经理人；"他选我有"代表了委托他人理财的客户身份；"他选他有"代表了观望他人理财的个体，也就是在金融理财中的旁观者，看客）。

如上文提及，以往在拥有者效应和选择者效应的研究中大多关注具有固定价值属性的客体评价，对于价值变化的特殊物品关注度有限，少数研究关注股票涨跌的评价（Shang et al.，2017）。有研究关注社会背景下人与人之间的熟悉度等关系如何影响对赌博游戏中金钱输赢的评价（Ma et al.，2011）。但金钱与股票不同，前者是货币，后者是可以用价格代表其价值的理财产品。本研究将选择权与拥有权的作用应用在与人类社会生活和经济生活更为密切的金融理财场景和组织管理场景，探索选择权和拥有权将对这些特殊客体的评价产生差异化影响。

第二，对于拥有者效应和选择者效应相关领域有贡献。本书研究选择权和拥有权相冲突时，什么情况下选择权强于拥有权，什么情况下拥有权强于选择权等，拓展客体评价领域中选择权与拥有权的交互作用研究，探讨自我提升理论的边界条件。前人研究发现，当为自己做决策，比为他人提建议，更多程度上受到选项可行性高低的影响（徐惊蛰 等，2011；张慧 等，2014）。研究基于金融背景下的理财行为，直接反映金融活动中个体处在不同理财身份时，对结果的认知。这部分研究针对行为金融领域中的现象与研究问题，采用心理学的研究方法表征复杂的金融行为。将基础学科的方法应用于金融经济领域，对于跨学科研究应用问题是一个积极的尝试，有助于从心理学的视角深度剖析人类的金融行为。本研究将探讨人格等边界条件对于为自己理财和为他人理财的影响，以探求选择权与拥有权的交互作用机制。

自我提升理论（Brown et al.，1988；Taylor et al.，1988；Sedikides et al.，1995）指的是人们努力维护 / 提升积极的自我形象，反映在客体评价上，会增强对与自己有关的客体的感情，从而提升对它们的喜好。拥有者效应是人们对自己拥有的客体（如财产、物品等，本书是理财产品）的评价会高于对那些不属于自己的客体，这个评价可以反映在对客体的喜好程度或者关注度等态度上（Beggan，1992；Nesselroade et al.，1999）。选择者效应是人们会提高对自己选择的选项的喜好程度，而降低对未被选择的选项的喜好程度，无论这个选择行为是实际发生的还是仅仅是想象出来的（Brehm，1956；Hammock et al.，1966；Huang et al.，2009）。

本研究系列致力于探讨当选择权和拥有权发生冲突时，哪个因素的作用更大。如果存在人们对于不是自己拥有的财产给予过多关注，以及这其中的调节因素，则有助于剖析和补充自我提升理论的边界条件。

第三，从"虚拟选择"和"虚拟拥有"进一步理解选择者效应与拥有者效应的作用机制。大量研究发现，选择过程（Averill，1973）可以给个体带来一系列的正性效应，如增加个体的自信与自尊（Tafarodi et al.，2002；Tafarodi et al.，1999），给个体带来更多的控制感（Rotter，1966；Taylor，1989），提升个体的内部动机（DeCharmes，1968）等。同时，实验参与者对选择的物体将会有更多的偏好，即产生选择扩散效应（Brehm，1956，1966；Hammock et al.，1966）。有少数研究发现，即使选择过程没有发生，被告知的选择（虚拟选择）也能够引发人们的偏好（Huang et al., 2009）。我们认为，即使"真实过程"不存在，"仅仅被告知"的选择和拥有，也会具备相应的作用。本研究在实验中让实验参与者想象 4 种角色身份，如果想象的效果就能够诱发出拥有效应、选择效应，表明选择权和拥有权影响人们日常生活的有效性与显著性。同时，也说明本范式可以不受"真实行为"的限制，从而大大节约了实验的时长和成本，可以轻巧地应用于各种"虚拟身份"的研究中，为行为实验提供有价值的研究方式。本研究的实验设计，是让实验参与者想象 4 种角色身份，如果仅仅通过想象的效果就能够诱发出拥有效应、选择效应，表明效应的稳健性。

⊙ 第三节 方法上的创新

研究方法采用了行为实验法（内隐态度测验、双启动外显实验），问卷调研法（多次测量、多源数据），脑电实验（ERP 事件相关电位技术），机器学习建模等方法。

第一，为了更加贴近现实场景，实验设计将 4 种角色身份在一个范式中重复测量，能够统一对比，提高了研究范式的外部效度。如人们在股票市场中会扮演不同的角色：自己掏钱自己选择购买股票的个体股民，帮助客户选择股票的基金经理人，只出资购买股票却基本上不做决定的客户，还有旁观他人理财的旁观者。更符合真实的日常生活的是，个体可以同时扮演 2～4 种不同的理财角色。在本研究的实验范式中，实验参与者可以在一个范式中，相继扮演"为自己理财""为他人理财""委托他人理财""观望他人理财"的行为。有研究表明，人类不是自私的个体，会表现出利他、关心他人的行为（Hajcak et al., 2005; Hajcak et al., 2007; Sato et al., 2005; Toyomaki et al., 2005; Yeung et al., 2004）。但之前的研究只是在独立角色的研究情景中发现个体分别表现出自利行为、利他行为，但很少把利己和利他放在同一框架进行对比研究。

让同一名实验参与者先后相继模拟"为自己理财""为他人理财""委托他人理财"和"观望他人理财"这 4 种理财角色身份，更加符合真实的经济活动场景，提高了研究的生态效度。本研究通过一个范式，诱发个体在扮演不同理财角色时产生利己或者利他的反应，更重要的是可以在实验参与者内进行角色对比。人们在股票市场中会扮演不同的角色：自己掏钱自己选择购买股票的个体股民，帮助客户选择股票的基金经理人，只出资购买股票却基本上不做决定的客户，还有旁观他人理财的旁观者。更符合真实的日常生活的是个体可以同时扮演 2～4 种不同的理财角色。在现实生活中，多角色身份常常在同一个人身上同时出现。多角色同时扮演，更符合现实场景，也更具有生态效度。

第二，采用机器学习的方法对 ERP 数据进行二次分析，在数据处理方面做出创新性的尝试。本研究参照前人应用在 fMRI 数据中的方法（Wager et al.，2013），增加机器学习建模。目前，还没有文献利用这样的方式对 ERP 数据进行二次加工，只有对 fMRI 数据进行的机器学习处理，本研究的尝试具有一定突破性。机器学习方法是计算机利用已有的数据训练出某种分类预测模型，并可以利用此模型对新的数据进行分类预测的方法。该方法已经在基于脑电和核磁等数据的心理学研究中得以应用。一方面，机器学习模型的建立可以实现基于生理信号判断心理活动的过程；另一方面，机器学习模型的成功构建可以更好地证明相关生理信号与心理活动间的联系，并且通过构建机器学习模型的过程中，对高维特征变量的筛选，我们可以发现关键的生理信号，有助于进行更深入的探索。

采用机器学习建模提供筛选合适的基金经理人的模型，判断单个个体的行为是否符合模型的分类标准。采用机器学习的方法对 ERP 数据进行二次分析。本研究参照前人应用在 fMRI 数据中的方法（Wager et al.，2013），增加机器学习建模。该方法已经在基于脑电和核磁等数据的心理学研究中得以应用，一方面，机器学习模型的建立可以实现基于生理信号判断心理活动的过程；另一方面，机器学习模型的成功构建可以更好地证明相关生理信号与心理活动间的联系，并且通过构建机器学习模型的过程中，对高维特征变量的筛选，我们可以发现关键的生理信号，有助于更快地识别出理财决策者（选择者）或者理财投资者（拥有者）所处的角色身份。

此外，采用机器学习建模提供筛选合适的基金经理人的模型。建模可直接预测单个实验参与者的行为是否属于分类模型中的指定类别。传统的差异显著性检验仅对条件之间的差异进行比较，得出自变量对因变量的作用，反映样本所在总体的特征。但是，差异检验对单个个体的行为不具有意义。本研究的机器学习模型对于单个个体的行为具有鉴别力。能判断单个个体的行为是否符合模型的分类标准。在金融理财决策中，本研究建立的模型将更快地识别出理财决策者（选择者）或者理财投资者（拥有者）所处的角色身份。比如，对于"我选我有"与"我选他有"之间的区分，个体在金融理财决策中作为基金经理人，为他人理财决策时，是否真的会看重客户（他人）的理财结果胜过看重自己的理财结果？识别这类的从业者，相关机构的工作人员可以给予其员工一些关于个人潜在的职业压力过大的提醒。同时，进行预防性的心理干预，缓解其职业身份带来的压力。一方面为其过高的职业压力提供科学的证据，另一方面为其职业健康提供建议。

◉ 第四节　实践启示

在实践启示方面，拥有者效应与选择者效应在金融理财决策中具有实践意义。首先，对评估基金经理人的职业压力有一定的启示，对"为他人理财"（如基金经理人）这一角色身份的职业压力提供进一步的研究证据。经济行为中，基金经理人表现出较高水平的职业压力和职业倦怠。如果在自己选择的情况下，对他人拥有的股票涨跌比自己拥有的股票涨跌更在意的话，那么则表明此种情况下不存在拥有者效应了。具体而言，当处于"为他人理财"身份中，即使不需要承担 / 补偿客户的资金损失，其"为客户理财"失误的心理压力比"为自己理财"失误的心理压力更大。类似基金经理人这样的高薪高压力从业者，若个人尽责心水平较高，过分看重客户损益，则会承担相当重的压力。

如何缓解职业压力？通过探索边界条件——尽责心水平，进一步找到缓解选择权或者是拥有权所带来的心理压力。从客户角度出发，我们应该挑选那些看重客户利益远胜于自己利益的人做基金经理，也就是对客户的事务尽责心极高的个体。但是，从维护从业者心理健康、减少工作压力的角度出发，应该挑选那些看重客户利益与看重自己利益差不多的个体，从而以个体自身为锚定点，承担可以适应的工作压力。

另外，采用机器学习建模提供筛选合适的基金经理人的模型，判断单个个体的行为是否符合模型的分类标准。在金融理财决策中，本研究建立的模型将更快地识别出理财决策者（选择者）或者理财投资者（拥有者）所处的角色身份。如对于"我选我有"与"我选他有"之间的区分，个体在金融理财决策中作为基金经理人，"为他人理财"角色时，是否真的会看重客户（他人）的理财结果胜过看重自己的理财结果？识别出这类的从业者，相关机构的工作人员可以给予其员工一些关于个人潜在的职业压力的提醒。同时，进行预防性的心理干预，缓解其职业身份带来的压力。一方面为其过高的职业压力提供科学的证据，另一方面为其职业健康提供建议。

综上所述，本研究针对人类经济活动、管理活动中的现象与研究问题，采用心理学的研究方法表征复杂的金融行为、管理行为，将基础学科的方法应用于金融经济领域、组织管理领域、公共管理领域，对于跨学科研究应用问题是一个积极的尝试。

参考文献

[1] 陈晶，索涛，袁文萍，等 . 青少年结果预期与评价的 ERP 研究 [J]. 心理学报，2011，43（2）：152–163.

[2] 窦凯，刘耀中，王玉洁，等 . "乐"于合作：感知社会善念诱导合作行为的情绪机制 [J]. 心理学报，2018，50（1）：101–114.

[3] 国务院办公厅 . 国务院办公厅关于转发国家发展改革委 住房城乡建设部生活垃圾分类制度实施方案的通知 [J]. 中华人民共和国国务院公报，2017（11）：91–95.

[4] 黄玖菊，林雄斌，杨家文，等 . 城市公共空间"公地悲剧"治理：以共享单车为例 [J]. 城市发展研究，2021，28（5）：93–101.

[5] 姜晓萍，衡霞 . 社区治理中的公民参与 [J]. 湖南社会科学，2007（1）：24–28.

[6] 刘春雷，贾磊，高树玲，等 . 反馈负波的强化学习和情绪 / 动机的分离 [J]. 西南大学学报（自然科学版），2010（2）：151–155.

[7] 刘耀中 . 人员选拔决策中内隐认知机制的实验研究 [J]. 心理科学，2008（5）：1218–1221.

[8] 马玉华，王莉，沈克印 . 公地悲剧、价值失范与多中心治理——我国城镇化进程中公共体育服务的困境与破解 [J]. 山东体育学院学报，2015，31（6）：1–6.

[9] 苗晓燕，孙欣，匡仪，等 . 共患难，更同盟：共同经历相同负性情绪事件促进合作行为 [J]. 心理学报，2021，53（1）：81–94.

[10] 曲英，朱庆华 . 情境因素对城市居民生活垃圾源头分类行为的影响研究 [J]. 管理评论，2010，22（9）：121–128.

[11] 曲英 . 城市居民生活垃圾源头分类行为的影响因素研究 [J]. 数理统计与管理，2011，30（1）：42–51.

[12] 尚雪松，陈卓，陆静怡 . 帮忙失败后我会被差评吗？好心帮倒忙中的预测偏差 [J]. 心理学报，2021，53（3）：291–305.

[13] 史云贵 . 当前我国城市社区治理的现状、问题与若干思考 [J]. 上海行政学院学报，2013，14（2）：88–97.

[14] 陶爱华，刘雍鹤，王沛 . 人际冲突中失望的个人效应及冲突类型的调节作用 [J]. 心理学

报，2018，50（2）：235-242.

[15] 王逸璐，谢晓非.帮助情境中的预测偏差：成因与应对[J].心理科学进展，2019，27（1）：117-127.

[16] 项继权，李增元.经社分开、城乡一体与社区融合——温州的社区重建与社会管理创新[J].华中师范大学学报（人文社会科学版），2012，51（6）：1-9.

[17] 徐惊蛰，谢晓非.解释水平视角下的自己——他人决策差异[J].心理学报，2011，43（1）：11-20.

[18] 杨发坤.从"公地悲剧"看三峡库区水污染问题[J].云南行政学院学报，2010，12（6）：164-166.

[19] 杨丽，林翠兰.农村生活垃圾"公地悲剧"现象的时空演变与治理应对——以云南省Q镇为例[J].大理大学学报，2020，5（3）：64-69.

[20] 尹昕，王玉，车越，等.居民生活垃圾分类行为意向影响因素研究——基于计划行为理论[J].环境卫生工程，2017，25（2）：10-14.

[21] 袁慧娟，张智勇.招聘情境下内隐化相貌偏见的表达[J].北京大学学报（自然科学版），2005（2）：303-308.

[22] 张慧，陆静怡，谢晓非.解释水平导致的自己——他人决策差异[J].北京大学学报（自然科学版），2014，50（6）：1124-1132.

[23] 张娜，潘维佳，邢淑芬，等.群体内地位及地位稳定性对面试中内群体偏向的影响：群体羞愧的调节作用[C]//中国心理学会.第十七届全国心理学学术会议论文摘要集.北京：[出版者不详]，2014：397-399.

[24] 赵伟华，索涛，冯廷勇，等.禀赋效应的研究现状与展望[J].心理科学，2010，33（5）：1180-1182.

[25] ABDUH. Governmental basis for household waste sorting behavior：extending the theory of planned behavior[J]. E-Bangi：journal of social sciences and humanities，2018，13（1）：1.

[26] ABELE，ANDREA E，WOJCISZKE，et al. Agency and communion from the perspective of self versus others[J]. Journal of personality and social psychology，2007，93（5）：751-763.

[27] ADAMS，GABRIELLE S，INESI，et al. Impediments to forgiveness：victim and transgressor attributions of intent and guilt[J]. Journal of personality and social psychology，2016，111（6）：866-881.

[28] ADAMS，GABRIELLE S. Asymmetries between victims and transgressors perspectives following interpersonal transgressions[J]. Social and personality psychology compass，2016，10（12）：722-735.

[29] AJZEN I. The theory of planned behavior[J]. Organizational behavior and human decision

processes, 1991, 50: 179-2117.

[30] ALMAGOR, EHRLICH. Personality correlates and cyclicity in positive and negative affect[J]. Psychological reports, 1990, 66 (3): 1159-1169.

[31] ALTER A L, BALCETIS E. Fondness makes the distance grow shorter: Desired locations seem closer because they seem more vivid [J]. Journal of experimental social psychology, 2011, 47 (1): 16-21.

[32] AMASON, THOMPSON, HOCHWARTER, et al. Conflict: An important dimension in successful management teams[J]. Organizational dynamics, 1995, 24 (2): 20-35.

[33] ARMSTRONG R A, MCGEHEE R. Coexistence of two competitors on one resource[J]. Journal of theoretical biology, 1976, 56 (2): 499-502.

[34] AVERILL J R. Personal control over aversive stimuli and its relationship to stress[J]. Psychological bulletin, 1973, 80 (4): 286-303.

[35] BALTES B B, DICKSON M W, SHERMAN M P, et al. Computer-mediated communication and group decision-making: A meta-analysis[J]. Organizational behavior and human decision processes, 2002, 87 (1): 156-179.

[36] BASTIAN, JETTEN, FERRIS, et al. Pain as social glue: shared pain increases cooperation[J]. Psychological science, 2014, 25 (11): 2079-2085.

[37] BECKER G S. The economic approach to human behavior[M]. Chicago, IL: University of Chicago Press, 1976.

[38] BEGGAN J K. On the social nature of nonsocial perception: the mere ownership effect[J]. Journal of personality and social psychology, 1992, 62 (2): 229-237.

[39] BELK R. Possessions and self [M]. Hoboken, NJ: John Wiley & Sons, Ltd, 1988.

[40] BELL D E. Disappointment in decision making under uncertainty[J]. Operations research, 1985, 33 (1): 1-27.

[41] BOHNS V K, DEVINCENT L A. Rejecting unwanted romantic advances is more difficult than suitors realize[J]. Social psychological and personality science, 2019, 10 (8): 1102-1110.

[42] BOHNS V K, FLYNN F J. "Why didnt you just ask?" underestimating the discomfort of help-seeking[J]. Journal of experimental social psychology, 2009, 46 (2): 402-409.

[43] BOHNS V K, NEWARK D A, XU A Z. For a dollar, would you...? How (we think) money affects compliance with our requests[J]. Organizational behavior and human decision processes, 2016, 134: 45-62.

[44] BOOTHBY, ERICA J, COONEY, et al. The liking gap in conversations: do people like us more than we think? [J]. Psychological science, 2018, 29 (11): 1742-1756.

[45] BOVEN L V, LOEWENSTEIN G, DUNNING D, et al. Chapter three – changing places: a dual judgment model of empathy gaps in emotional perspective taking[J]. Advances in experimental social psychology, 2013, 48: 117–171.

[46] BREHM J W. A theory of psychological reactance[M]. New York: [s.n.], 1966.

[47] BREHM J W. Postdecision changes in the desirability of alternatives[J]. The journal of abnormal and social psychology, 1956, 52 (3): 384–389.

[48] BROWN J D, COLLINS R L, SCHMIDT G. Self–esteem and direct versus indirect forms of self–enhancement[J]. Journal of personality and social psychology, 1988, 55 (3): 445–453.

[49] BROWN J D, DUTTON K A. The thrill of victory, the complexity of defeat: self–esteem and peoples emotional reactions to success and failure[J]. Journal of personality and social psychology, 1995, 68 (4): 712–722.

[50] BURRIS E R. The risks and rewards of speaking up: managerial responses to employee voice[J]. Academy of management Journal, 2012, 55 (4): 851–875.

[51] CAMERER C, THALER R H. Anomalies: ultimatums, dictators and manners[J]. The journal of economic perspectives, 1995, 9 (2): 209–219.

[52] CAMERER C. Behavioral game theory: experiments in strategic interaction[M]. Princeton, NJ: Princeton University Press, 2003.

[53] CARDON, MELISSA S, STEVENS, et al. Misfortunes or mistakes? Cultural sensemaking of entrepreneurial failure[J]. Journal of business venturing, 2011, 26 (1): 79–92.

[54] CARNEVALE, PETER J, PROBST, et al. Social values and social conflict in creative problem solving and categorization[J]. Journal of personality and social psychology, 1998, 74 (5): 1300–1309.

[55] CARSTEN K W, DE DREU. The virtue and vice of workplace conflict: food for (pessimistic) thought[J]. Journal of organizational behavior, 2008, 29 (1): 5–18.

[56] COHEN M X, RANGANATH C. Reinforcement learning signals predict future decisions[J]. The journal of neuroscience, 2007, 27 (2): 371–378.

[57] COONEY, GUS, GILBERT, et al. The novelty penalty[J]. Psychological science, 2017, 28 (3): 380–394.

[58] COPE J. Entrepreneurial learning from failure: an interpretative phenomenological analysis[J]. Journal of business venturing, 2010, 26 (6): 604–623.

[59] COPPIN G, DELPLANQUE S, CAYEUX, et al. I'm no longer torn after choice: how explicit choices implicitly shape preferences of odors[J]. Psychological science, 2010, 21: 489 – 493.

[60] CORTLAND, CLARISSA I, CRAIG, et al. Solidarity through shared disadvantage:

highlighting shared experiences of discrimination improves relations between stigmatized groups[J]. Journal of personality and social psychology, 2017, 113（4）: 547–567.

[61] COSTA P T, MCCRAE R R. NEO personality inventory－revised（NEO–PI–R）and NEO five-factor inventory（NEO–FFI）professional manual. Odessa[C] FL: Psychological Assessment Resources, 1992.

[62] COSTA P T, MCCRAE R R. Personality in adulthood: a six-year longitudinal study of self-reports and spouse ratings on the NEO Personality Inventory[J]. Journal of personality and social psychology, 1988, 54: 853–863.

[63] CRAIG, MAUREEN A, RICHESON, et al. Coalition or derogation? How perceived discrimination influences intraminority intergroup relations[J]. Journal of personality and social psychology, 2012, 102（4）: 759–777.

[64] DAVIS M H, ASSOCIATION A P. A multidimensional approach to individual differences in empathy[J]. JSAS catalog of selected documents in psychology, 1980, 10: 85.

[65] DE CHARMES R. Personal causation[M]. New York: Academic, 1968.

[66] DE CHARMS. Personal causation: the internal affective determinants of behavior[M]. Routledge, 2013: 416.

[67] DE DREU, CARSTEN K W. Rational self-interest and other orientation in organizational behavior[J]. Journal of applied psychology, 2006, 91（6）: 1245–1252.

[68] DE DREU, VAN KNIPPENBERG. The possessive self as a barrier to conflict resolution: effects of mere ownership, process accountability, and self-concept clarity on competitive cognitions and behavior[J]. Journal of personality and social psychology, 2005, 89（3）: 345–357.

[69] DEAN A, SHEPHERD. Learning from business failure: propositions of grief recovery for the self-employed[J]. The academy of management review, 2003, 28（2）: 318–328.

[70] DECHARMES R. Personal causation[M]. New York: Academic, 1986.

[71] DECI E L, RYAN R M. Intrinsic motivation and selfdetermination in human behavior[C]. New York: Plenum, 1985.

[72] DENSON T F, PEDERSEN W C, FRIESE M, et al. Understanding impulsive aggression: angry rumination and reduced self-control capacity are mechanisms underlying the provocation-aggression relationship[J]. Personality and social psychology bulletin, 2011, 37（6）: 850–862.

[73] DORFMAN, ANNA, EYAL, et al. Proud to cooperate: the consideration of pride promotes cooperation in a social dilemma[J]. Journal of experimental social psychology, 2014, 55: 105–109.

[74] DREU C K, WEINGART L R. Task versus relationship conflict, team performance, and team member satisfaction: a meta-analysis[J].The journal of applied psychology, 2003, 88（4）: 741-749.

[75] DUMMEL S, HÜBNER R. Too tasty to be ignored[J]. Experimental psychology, 2017, 64（5）: 338-345.

[76] ENACHESCU J, OLSEN J, KOGLER C, et al. The role of emotions in tax compliance behavior: a mixed-methods approach[J]. Journal of economic psychology, 2019, 74: 102194.

[77] DUNNING D, COHEN G L. Egocentric definitions of traits and abilities in social judgment[J]. Journal of personality and social psychology, 1992, 63（3）: 341-355.

[78] EPLEY N, KEYSAR B, VAN BOVEN, et al. Perspective taking as egocentric anchoring and adjustment[J]. Journal of personality and social psychology, 2004, 87（3）: 327 - 339.

[79] EPSTUDE K, ROESE N J. The functional theory of counterfactual thinking[J]. Personality and social psychology review, 2008, 12（2）: 168-192.

[80] ERNEST BASKIN, CHERYL J, WAKSLAK, et al. Why feasibility matters more to gift receivers than to givers: a construal-level approach to gift giving[J]. Journal of consumer research, 2014, 41（1）: 169-182.

[81] EYAL T, STEFFEL M, EPLEY N. Perspective mistaking: accurately understanding the mind of another requires getting perspective, not taking perspective[J]. Journal of personality and social psychology, 2018, 114（4）: 547 - 571.

[82] FALKENSTEIN M, HOHNSBEIN J, HOORMANN J, et al. Effects of crossmodal divided attention on late ERP components. II. Error processing in choice reaction tasks[J]. Electroencephalography and clinical neurophysiology, 1991, 78（6）: 447-455.

[83] FEATHER N T, SHERMAN R . Envy, resentment, schadenfreude, and sympathy: reactions to deserved and undeserved achievement and subsequent failure[J]. Personality and social psychology bulletin, 2002, 28（7）: 953-961.

[84] FEATHER, NORMAN T. Reactions to penalties for an offense in relation to authoritarianism, values, perceived responsibility, perceived seriousness, and deservingness[J] Journal of personality and social psychology, 1996, 71（3）: 571-587.

[85] FEHR E, CAMERER C F. Social neuroeconomics: the neural circuitry of social preferences[J]. Trends in cognitive Sciences, 2007, 11（10）: 419-427.

[86] FEHR E, FISCHBACHER U. Third-party punishment and social norms[J]. Evolution and human behavior, 2004, 25（2）: 63-87.

[87] FEHR E, GÄCHTER S. Altruistic punishment in humans[J]. Nature, 2002, 415（6868）:

137–140.

[88] FEIN S, SPENCER S J. Prejudice as self-image maintenance: affirming the self through derogating others[J]. Journal of personality and social psychology, 1997, 73 (1): 31–44.

[89] FESTINGER L. A theory of cognitive dissonance[M]. Stanford, CA: Stanford University Press, 1957.

[90] FINCH J F, CIALDINI R B. Another indirect tactic of (self-) image management boosting[J]. Personality and social psychology bulletin, 1989, 15 (2): 222–232.

[91] FLYNN, FRANCIS J, ADAMS, et al. Money can't buy love: asymmetric beliefs about gift price and feelings of appreciation[J]. Journal of experimental social psychology, 2008, 45 (2): 404–409.

[92] FRANSSON, NIKLAS, TOMMY. Environmental concern: conceptual definitions, measurement methods, and research findings [J]. Journal of environmental psychology, 1999, 19 (4): 369–382.

[93] FUJITA K, HENDERSON M D, ENG J, et al. Spatial distance and mental construal of social events[J]. Psychological science, 2006, 17 (4): 278–282.

[94] FUKUSHIMA H, HIRAKI K. Perceiving an opponent's loss: gender-related differences in the medial-frontal negativity[J]. Social cognitive and affective neuroscience, 2006, 1 (2): 149–157.

[95] FUKUSHIMA H, HIRAKI K. Whose loss is it? Human electrophysiological correlates of non-self reward processing[J]. Social neuroscience, 2009, 4 (3): 261–275.

[96] FURBY L. Possession in humans: an exploratory study of its meaning and motivation [J]. Social behavior & personality: an international journal, 1978, 6 (1): 49–65.

[97] GARCIA S M, TOR A. The n-effect more competitors, less competition[J]. Psychological science, 2009, 20 (7): 871–877.

[98] GARCIA S M, WEAVER K, Chen P.The status signals paradox[J]. Social psychological and personality science, 2019, 10 (5): 690‑696.

[99] GATEWOOD, ELIZABETH J, SHAVER, et al. A longitudinal study of cognitive factors influencing start-up behaviors and success at venture creation[J]. Journal of business venturing , 1995, 10 (5): 371–391.

[100] GEHRING W J, GOSS B, COLES M G H, et al. A neural system for error detection and compensation[J]. Psychological science, 1993, 4 (6): 385–390.

[101] GEHRING W J, WILLOUGHBY A R. The medial frontal cortex and the rapid processing of monetary gains and losses[J]. Science, 2002, 295 (5563): 2279–2282.

[102] GINEIKIENE J, SCHLEGELMILCH B B, AURUSKEVICIENE V. "Ours" or "theirs"? Psychological ownership and domestic products preferences[J]. Journal of business research, 2017, 72: 93-103.

[103] GINO, FRANCESCA, FLYNN, et al. Give them what they want: the benefits of explicitness in gift exchange[J]. Journal of experimental social psychology, 2011, 47 (5): 915-922.

[104] GIVI, JULIAN, GALAK, et al. Sentimental value and gift giving: givers fears of getting it wrong prevents them from getting it right[J]. Journal of consumer psychology, 2017, 27 (4): 473-479.

[105] GOODMAN, JOSEPH K, LIM, et al. When consumers prefer to give material gifts instead of experiences: the role of social distance[J]. The journal of consumer research, 2018, 45 (2): 365-382.

[106] GREEN J D, DAVIS J L, LUCHIES L B, et al. Victims versus perpetrators: affective and empathic forecasting regarding transgressions in romantic relationships[J]. Journal of experimental social psychology, 2013, 49 (3): 329-333.

[107] GREENWALD A G, FARNHAM S D. Using the implicit association test to measure self-esteem and self-concept[J]. Journal of personality and social psychology, 2000, 79 (6): 1022.

[108] GREENWALD A G, NOSEK B A, BANAJI M R. Understanding and using the implicit association test: I. an improved scoring algorithm[J]. Journal of personality and social Psychology, 2003, 85 (2): 197-216.

[109] GÜTH W, SCHMITTBERGER R, SCHWARZE B. An experimental analysis of ultimatum bargaining[J]. Journal of economic behavior & organization, 1982, 3 (4): 367-388.

[110] HABER S N, KNUTSON B. The reward circuit: linking primate anatomy and human imaging[J]. Neuropsychopharmacology, 2009, 35 (1): 4-26.

[111] HAJCAK G, HOLROYD C B, MOSER J S, et al. Brain potentials associated with expected and unexpected good and bad outcomes[J]. Psychophysiology, 2005, 42 (2): 161-170.

[112] HAJCAK G, MOSER J S, HOLROYD C B, et al. The feedback-related negativity reflects the binary evaluation of good versus bad outcomes[J]. Biological psychology, 2006, 71 (2): 148-154.

[113] HAJCAK G, MOSER J S, HOLROYD C B, et al. It's worse than you thought: the feedback negativity and violations of reward prediction in gambling tasks[J]. Psychophysiology, 2007, 44 (6): 905-912.

[114] HAMMOCK T, BREHM J W. The attractiveness of choice alternatives when freedom to choose

is eliminated by a social agent1[J]. Journal of personality, 1966, 34（4）: 546–554.

[115] HEWIG J, TRIPPE R H, HECHT H, et al. An electrophysiological analysis of coaching in Blackjack[J]. Cortex, 2008, 44（9）: 1197–1205.

[116] HEWIG J, TRIPPE R, HECHT H, et al. Decision-making in Blackjack: an electrophysiological analysis[J]. Cerebral cortex, 2007, 17（4）: 865–877.

[117] HEYDER K, SUCHAN B, DAUM I. Cortico-subcortical contributions to executive control[J]. Acta psychologica, 2004, 115（2–3）: 271–289.

[118] HODSON G, OLSON J M. Testing the generality of the name letter effect: name initials and everyday attitudes[J]. Personality and social psychology bulletin, 2005, 31（8）: 1099–1111.

[119] HOLROYD C B, COLES M G. The neural basis of human error processing: reinforcement learning, dopamine, and the error-related negativity[J]. Psychological review, 2002, 109（4）: 679–709.

[120] HOLROYD C B, LARSEN J T, COHEN J D. Context dependence of the event - related brain potential associated with reward and punishment[J]. Psychophysiology, 2004, 41（2）: 245–253.

[121] HOLROYD C B, COLES M G. The neural basis of human error processing: reinforcement learning, dopamine, and the error-related negativity[J]. Psychological review, 2002, 109（4）: 679–709.

[122] HUANG Y, WANG L, SHI J. When do objects become more attractive? The individual and interactive effects of choice and ownership on object evaluation[J]. Personality and social psychology bulletin, 2009, 35（6）: 713–722.

[123] IRENE S, GEORGE L, JOACHIM V. You call it "self-exuberance"; I call it "bragging": miscalibrated predictions of emotional responses to self-promotion[J]. Psychological science, 2015, 26（6）: 903–914.

[124] ITAGAKI S, KATAYAMA J I. Self-relevant criteria determine the evaluation of outcomes induced by others[J]. Neuroreport, 2008, 19（3）: 383–387.

[125] IYENGAR S S, LEPPER M R. Rethinking the value of choice: a cultural perspective on intrinsic motivation[J]. Journal of personality and social psychology, 1999, 76（3）: 349.

[126] JEHN K A. A multimethod examination of the benefits and detriments of intragroup conflict[J]. Administrative science quarterly, 1995, 40（2）: 256–282.

[127] JENSEN M C M, WILLIAM H. Theory of the firm: managerial behavior, agency costs and ownership structure[J]. Journal of financial economics, 1976, 3（4）: 305–360.

[128] JIA S, LI H, LUO Y, et al. Detecting perceptual conflict by the feedback-related negativity in brain potentials[J]. Neuroreport, 2007, 18 (13): 1385-1388.

[129] JIAN LIANG, CRYSTAL I C, FARH, et al. Psychological antecedents of promotive and prohibitive voice: a two-wave xamination[J]. Academy of management journal, 2012, 55(1): 71-92.

[130] KAHNEMAN D, KNETSCH J L, THALER R H. Experimental tests of the endowment effect and the coase theorem[J]. Journal of political economy, 1990, 98 (6): 1325-1348.

[131] KAHNEMAN D, KNETSCH J L, THALER R H. Fairness and the assumptions of economics[J]. Journal of business, 1986, 59 (4): 285-300.

[132] KANG S K, HIRSH J B, CHASTEEN, et al. Your mistakes are mine: self-other overlap predicts neural response to observed errors[J]. Journal of experimental social psychology, 2010, 46 (1): 229-232.

[133] KAREN A, JEHN. A multimethod examination of the benefits and detriments of intragroup conflict[J]. Administrative science quarterly, 1995, 40 (2): 256-282.

[134] KAREN A, JEHN. A qualitative analysis of conflict types and dimensions in organizational groups[J]. Administrative science quarterly, 1997, 42 (3): 530-557.

[135] KAUL S, KOO H L, JENKINS J, et al. Analysis of the genome sequence of the flowering plant Arabidopsis thaliana[J]. Nature, 2000, 408 (6814): 796-815.

[136] KEES KEIZER, SIEGWART, LINDENBERG, et al. The spreading of disorder[J]. Science, 2008, 322 (5908): 1681-1685.

[137] KERMER D A, DRIVER-LINN E, WILSON T D, et al. Loss aversion is an affective forecasting error[J]. Psychological science, 2006, 17: 649-653.

[138] KRUEGER, JOACHIM, RUSSELL W. The truly false consensus effect[J].Journal of personality and social psychology, 1994, 67 (4): 596-610.

[139] KUMAR, AMIT, EPLEY, et al. Undervaluing gratitude: expressers misunderstand the consequences of showing appreciation[J]. Psychological science, 2018, 29 (9): 1423-1435.

[140] KUPOR, DANIELLA, FLYNN, et al. Half a gift Is not half-hearted: a giver-receiver asymmetry in the thoughtfulness of partial gifts[J]. Personality & social psychology bulletin, 2017, 43 (12): 1686-1695.

[141] LALWANI, ASHOK K, SHRUM L J, et al. Motivated response styles[J]. Journal of personality and social psychology, 2009, 96 (4): 870-882.

[142] LANGCR E, RODIN J. The effects of choice and enhanced personal responsibility for the aged.

A field experiment in an institutional setting[J]. Journal of personality and social psychology, 1976, 34: 191–198.

[143] LANGER E J. The illusion of control[J]. Journal of personality and social psychology, 1975, 32（2）: 311.

[144] LEARY M R, KOWALSKI R M. Impression management: a literature review and two-component model[J]. Psychological bulletin, 1990, 107（1）: 34–47.

[145] LEE D G, KELLY K R, EDWARDS J K. A closer look at the relationships among trait procrastination, neuroticism, and conscientiousness[J]. Personality and individual differences, 2006, 40: 27–37.

[146] LEE H, YANG S B, KOO C. Exploring the effect of Airbnb hosts' attachment and psychological ownership in the sharing economy[J]. Tourism management, 2019, 70: 284–294.

[147] LEEABAI N, AREEPRASERT C, KHAOBANG C, et al. The effects of color preference and noticeability of trash bins on waste collection performance and waste-sorting behaviors[J]. Waste management（Elmsford）, 2021, 121: 153–163.

[148] LENG Y, ZHOU X. Modulation of the brain activity in outcome evaluation by interpersonal relationship: an ERP study[J]. Neuropsychologia, 2010, 48（2）: 448–455.

[149] LI P, HAN C, LEI Y, et al. Responsibility modulates neural mechanisms of outcome processing: an ERP study[J]. Psychophysiology, 2011, 48（8）: 1129–1133.

[150] LI P, JIA S, FENG T, et al. The influence of the diffusion of responsibility effect on outcome evaluations: electrophysiological evidence from an ERP study[J]. Neuroimage, 2010, 52（4）: 1727–1733.

[151] LIBERMAN N, TROPE Y. The psychology of transcending the here and now[J]. Science, 2008, 322（5905）: 1201–1205.

[152] LIEBERMAN M D, OCHSNER K N, GILBERT D T, et al. Do amnesic exhibit cognitive dissonance reduction? The role of explicit memory and attention in attitude change[J]. Psychological science, 2001, 12: 135–140.

[153] LINN VAN DYNE, JON L, PIERCE. Psychological ownership and feelings of possession: three field studies predicting employee attitudes and organizational citizenship behavior[J]. Journal of organizational behavior, 2004, 25（4）: 439–459.

[154] LOOMES G, SUGDEN R. Regret theory: An alternative theory of rational choice under uncertainty[J]. The economic journal, 1982, 92（368）: 805–824.

[155] LUU P, SHANE M, PRATT N L, et al. Corticolimbic mechanisms in the control of trial and

error learning[J]. Brain research, 2009, 1247: 100–113.

[156] MA Q, SHEN Q, XU Q, et al. Empathic responses to others gains and losses: an electrophysiological investigation[J]. Neuroimage, 2011, 54 (3): 2472–2480.

[157] MA Y, HAN S. Why we respond faster to the self than to others? an implicit positive association theory of self-advantage during implicit face recognition[J]. Journal of experimental psychology: human perception and performance, 2010, 36 (3): 619.

[158] MADSEN P M, DESAI V. Failing to learn? the effects of failure and success on organizational learning in the global orbital launch vehicle industry[J]. Academy of management journal, 2010, 53 (3): 451–476.

[159] MARCOPALLARES J, KRAMER U, STREHL S, et al. When decisions of others matter to me: an electrophysiological analysis[J]. BMC neuroscience, 2010, 11: 86.

[160] MARKS G, MILLER N. Ten years of research on the false-consensus effect: an empirical and theoretical review[J]. Psychological bulletin, 1987, 102 (1): 72 - 90.

[161] MASAKI H, TAKEUCHI S, GEHRING W J, et al. Affective-motivational influences on feedback-related ERPs in a gambling task[J]. Brain research, 2006, 1105 (1): 110–121.

[162] MASLOW A H. A theory of human motivation[J]. Psychological review, 1943, 50 (4): 370–396.

[163] MAY A, HAJAK G, GÄNSSBAUER S, et al. Structural brain alterations following 5 days of intervention: dynamic aspects of neuroplasticity[J]. Cerebral cortex, 2007, 17 (1): 205–210.

[164] MCCREA S M, HIRT E R. The role of ability judgments in self-handicapping[J]. Personality and social psychology bulletin, 2001, 27 (10): 1378–1389.

[165] MILTNER W H, BRAUN C H, COLES M G. Event-related brain potentials following incorrect feedback in a time-estimation task: evidence for a "generic" neural system for error detection[J]. Journal of cognitive neuroscience, 1997, 9 (6): 788–798.

[166] MÜLLER S, MLLER J, RODRIGUEZ-FORNELLS A, et al. Brain potentials related to self-generated and external information used for performance monitoring[J]. Clinical neurophysiology, 2005, 116 (1): 63–74.

[167] NESSELROADE K P, BEGGAN J K, ALLISON S T. Possession enhancement in an interpersonal context: an extension of the mere ownership effect[J]. Psychology & marketing, 1999, 16 (1): 21–34.

[168] NIEUWENHUIS S, HOLROYD C B, MOL N, et al.Reinforcement-related brain potentials from medial frontal cortex: origins and functional significance[J]. Neuroscience & biobehavioral

reviews，2004，28（4）：441–448.

[169] NUTTIN J M. Narcissism beyond Gestalt and awareness：the name letter effect[J]. European journal of social psychology，1985，15（3）：353–361.

[170] NUTTIN J R. Pleasure and reward in human motivation and learning[J]. Pleasure，reward，preference，1973：243–274.

[171] OCHS J，ROTH A E. An experimental study of sequential bargaining[J]. The American economic review，1989，79（3）：355–384.

[172] OHBUCHI K I，ATSUMI E. Avoidance brings japanese employees what they care about in conflict management：its functionality and "good member" image[J]. Negotiation & conflict management research，2010，3（2）：117–129.

[173] OLSON BRADLEY J，PARAYITAM，SATYANARAYANA，et al. Strategic decision making：the effects of cognitive diversity，conflict，and trust on decision outcomes[J]. Journal of management，2007，33（2）：196–222.

[174] OLSON J M，STONE J. The influence of behavior on attitudes，the handbook of attitudes[M]. Hillsdale，NJ：Erlbaum，2005.

[175] OOSTERBEEK H，SLOOF R，VAN DE KUILEN G. Cultural differences in ultimatum game experiments：evidence from a meta–analysis[J]. Experimental economics，2004，7（2）：171–188.

[176] PECK J，KIRK C，LUANGRATH A，et al. Caring for the commons：using psychological ownership to enhance stewardship behavior for public goods[J]. Journal of marketing，2021，85（2）：33–49.

[177] PELHAM B W，MIRENBERG M C，JONES J T. Why Susie sells seashells by the seashore：implicit egotism and major life decisions[J]. Journal of personality and social psychology，2002，82（4）：469–487.

[178] PIERCE JON L，TATIANA KOSTOVA，KURT T，et al. The state of psychological ownership：integrating and extending a century of research [J]. Review of general psychology，2003，7（1）：84–107.

[179] POSNER M I，ROTHBART M K，SHEESE B E，et al. The anterior cingulate gyrus and the mechanism of self–regulation[J]. Cognitive，affective，& behavioral neuroscience，2007，7：391–395.

[180] QIU J，YU C，LI H，et al. The impact of social comparison on the neural substrates of reward processing：an event–related potential study[J]. Neuroimage，2010，49（1）：956–962.

[181] RABINOVICH A，MORTON T，POSTMES T. Time perspective and attitude–behavior

consistency in future-oriented behaviors[J]. British journal of social psychology, 2010, 49: 69-89.

[182] RIGONI D, POLEZZI D, RUMIATI R, et al. When people matter more than money: an ERPs study[J]. Brain research bulletin, 2010, 81 (4): 445-452.

[183] ROGERS C R. Client-centered therapy: its current practice, implications and theory[M]. London: Constable, 1951.

[184] ROSS L, GREENE D, HOUSE P. The "false consensus effect": an egocentric bias in social perception and attribution processes[J]. Journal of experimental social psychology, 1977, 13 (3): 279-301.

[185] ROSS M, SICOLY F. Egocentric biases inavailability and attribution[J]. Journal of personality and social psychology, 1979, 37 (3): 322-336.

[186] ROTTER J B. Generalized expectancies for internal versus external control of reinforcement[J]. Psychological monographs: general and applied, 1966, 80 (1): 1.

[187] RYAN R M, DECI E L. Self-determination theory and the facilitation of intrinsic motivation, social development, and well-being[J]. American psychologist, 2000, 55: 68-78.

[188] SAENZ M, BURACAS G T, BOYNTON G M. Global effects of feature-based attention in human visual cortex[J]. Nature neuroscience, 2002, 5 (7): 631-632.

[189] SATO A, YASUDA A, OHIRA H, et al. Effects of value and reward magnitude on feedback negativity and P300[J]. Neuroreport, 2005, 16 (4): 407-411.

[190] SAUCIER G. Mini-markers: a brief version of goldberg's unipolar big-five markers[J]. Journal of personality assessment, 1994, 63 (3): 506-516.

[191] SCHULZ-HARDT, STEFAN, BRODBECK, et al. Group decision making in hidden profile situations[J]. Journal of personality and social psychology, 2006, 91 (6): 1080-1093.

[192] SCOPELLITI I, LOEWENSTEIN G, VOSGERAU J. You call it "self-exuberance"; I call it "bragging": miscalibrated predictions of emotional responses to self-promotion[J]. Psychological science, 2015, 26 (6): 903-914.

[193] SEDIKIDES C, STRUBE M J. The multiply motivated self[J]. Personality and social psychology bulletin, 1995, 21 (12): 1330-1335.

[194] SEMLITSCH H V, ANDERER P, SCHUSTER P, et al. A solution for reliable and valid reduction of ocular artifacts, applied to the P300 ERP[J]. Psychophysiology, 1986, 23 (6): 695-703.

[195] SEN S, JOHNSON E J. Mere-possessione effects without possession in consumer choice[J]. Journal of Consumer Research, 1997, 24 (1): 105-117.

[196] SHANG Z, TAO T, WANG L. Don't always prefer my chosen objects: low level of trait autonomy and autonomy deprivation decreases mere choice effect[J]. Frontiers in psychology, 2016, 7: 524.

[197] SHANG Z, WANG L, WU H. The interactive influence of perceived ownership and perceived choosership of stocks on brain response to stock outcomes[J]. Frontiers in psychology, 2017, 8: 8.

[198] SHRAUGER J S. Responses to evaluation as a function of initial self-perceptions[J]. Psychological bulletin, 1975, 82: 581-596.

[199] SIMONS TONY L, PETERSON R S. Task conflict and relationship conflict in top management teams[J]. Journal of applied psychology, 2000, 85（1）: 102-111.

[200] SLONIM R, ROTH A E. Learning in high stakes ultimatum games: an experiment in the Slovak Republic[J]. Econometrica, 1998, 66（3）: 569-596.

[201] STEELE C M. The psychology of self-affirmation: sustaining the integrity of the self[J]. Advances in experimental social psychology, 1988, 198821: 261-302.

[202] STEPHAN E, LIBERMAN N, TROPE Y. Politeness and psychological distance: a construal level perspective[J]. Journal of personality and social psychology, 2010, 98（2）: 268-280.

[203] STUHLMACHER A F, CITERA M. Hostile behavior and profit in virtual negotiation: a meta-analysis[J]. Journal of business and psychology, 2005, 20（1）: 69-93.

[204] SUCHAN B, ZOPPELT D, DAUM I. Frontocentral negativity in electroencephalogram reflects motor response evaluation in humans on correct trials[J]. Neuroscience letters, 2003, 350（2）: 101-104.

[205] TAFARODI R W, MEHRANVAR S, PANTON R L, et al. Putting oneself in the task: choice, personalization, and confidence[J]. Personality and social psychology bulletin, 2002, 28（5）: 648-658.

[206] TAFARODI R W, MILNE A B, SMITH A J. The confidence of choice: evidence for an augmentation effect on self-perceived performance[J]. Personality and social psychology bulletin, 1999, 25（11）: 1405-1416.

[207] TAKAHASHI H, KATO M, MATSUURA M, et al. When your gain is my pain and your pain is my gain: neural correlates of envy and schadenfreude[J]. Science, 2009, 323（5916）: 937-939.

[208] TALMI D, ATKINSON R, EL-DEREDY W. The feedback-related negativity signals salience prediction errors, not reward prediction errors[J]. Journal of neuroscience, 2013, 33（19）: 8264-8269.

[209] TAMIR D I, MITCHELL J P. Anchoring and adjustment during social inferences[J]. Journal of

experimental psychology: general, 2013, 142: 151–162.

[210] TAYLOR C. Sources of the self: the making of the modern identity[M].[S.L.]Harvard University Press, 1989.

[211] TAYLOR S E, BROWN J D. Illusion and well–being: a social psychological perspective on mental health[J]. Psychological bulletin, 1988, 103（2）: 193–210.

[212] TAYLOR S E. Positive illusion: creative self–deception and the healthy mind[M]. New York: Basic Books, 1989.

[213] THALER R H. Anomalies: the ultimatum game[J]. The journal of economic perspectives, 1988, 2（4）: 195–206.

[214] THALER R. Toward a positive theory of consumer choice[J]. Journal of economic behavior & organization, 1980, 1（1）: 39–60.

[215] TIMOTHY D WILSON, DANIEL T GILBERT. Affective forecasting: knowing what to want. current directions in psychological science[J]. A journal of the american psychological society, 2005, 14（3）: 131–134.

[216] TOYOMAKI A, MUROHASHI H. The ERPs to feedback indicating monetary loss and gain on the game of modified "rock – paper – scissors" [J]. International congress series, 2005, 1278: 381–384.

[217] TROPE Y, LIBERMAN N. Temporal construal[J]. Psychological review, 2003, 110: 403–421.

[218] TROPE Y, LIBERMAN N. Construal–level theory of psychological distance[J]. Psychological review, 2010, 117（2）: 440–463.

[219] TUMMERS L. Public policy and behavior change[J]. Public administration review, 2019, 79（6）: 925–930.

[220] TVERSKY A, KAHNEMAN D. Prospect theory: an analysis of decision under risk[J]. Econometrica, 1979, 47（2）: 263–291.

[221] TWENGE JEAN M, BAUMEISTER ROY F, DEWALL C NATHAN, et al. Social exclusion decreases prosocial behavior[J]. Journal of personality and social psychology, 2007, 92（1）: 56–66.

[222] UCBASARAN DENIZ, SHEPHERD DEAN A, LOCKETT, et al. Life after business failure[J]. Journal of management, 2013, 39（1）: 163–202.

[223] VALDESOLO P, DESTENO D. Synchrony and the social tuning of compassion[J]. Emotion, 2011, 11（2）: 262–6.

[224] VALLACHER R R, WEGNER D M. Levels of personal agency: individual variation in action

identification[J]. Journal of personality and social psychology, 1989, 57（4）: 660-671.

[225] VAN OVERWALLE F, JORDENS K. An adaptive connectionist model of cognitive dissonance[J]. Personality and social psychology review, 2002, 3: 204-231.

[226] VERONA E. A direct assessment of the role of state and trait Negative emotion in aggressive behavior[D].[S.l.]: The Florida State University, 2001.

[227] VERONA E, PATRICK C J, LANG A R. A direct assessment of the role of state and trait negative emotion in aggressive behavior[J]. Journal of abnormal psychology, 2002, 111（2）: 249-258.

[228] WAGER T D, ATLAS L Y, LINDQUIST M A, et al. An fMRI-based neurologic signature of physical pain[J]. New england journal of medicine, 2013, 368（15）: 1388-1397.

[229] WANG CHENBO, ZHANG TINGYU, Zhoukuidong, et al. Dynamic interpersonal neural synchronization underlying pain - induced cooperation in females[J]. Human brain mapping, 2019, 40（11）: 3222-3232.

[230] WANG S, WANG J, YANG S, et al. From intention to behavior: comprehending residents' waste sorting intention and behavior formation process[J]. Waste management（elmsford）, 2020, 113: 41-50.

[231] WARRINGTON E K. New method of testing long-term retention with special reference to amnesic patients[J]. ature, 1968, 217（5132）: 972-974.

[232] WEG E, SMITH V. On the failure to induce meager offers in ultimatum game[J]. Journal of economic psychology, 1993, 14（1）: 17-32.

[233] WEI W, WANG L, SHANG Z, et al. Non-sympathetic FRN responses to drops in others' stocks[J]. Social neuroscience, 2015, 10（6）: 616-623.

[234] WEI XIN, ZHANG ZHI-XUE, CHEN XIAO-PING. I will speak up if my voice is socially desirable: a moderated mediating process of promotive versus prohibitive voice[J]. Journal of applied psychology, 2015, 100（5）: 1641-1652.

[235] WITT L A, CARLSON D S. The work-family interface and job performance: moderating effects of conscientiousness and perceived organizational support[J]. Journal of occupational health psychology, 2006, 11（4）: 343-357.

[236] WU Y, ZHOU X. The P300 and reward valence, magnitude, and expectancy in outcome evaluation[J]. Brain research, 2009, 1286: 114-122.

[237] WU Y, ZHOU X L. The context-dependency of fairness processing: evidence from ERP study[J]. Acta psychologica sinica, 2013, 44（6）: 797-806.

[238] YAMAKAWA, YASUHIRO, PENG MIKE W, et al. Rising from the ashes: cognitive

determinants of venture growth after entrepreneurial failure[J]. Entrepreneurship theory and practice, 2015, 39（2）: 209–236.

[239] YANG A X, URMINSKY O. Smile–seeking givers and value–seeking recipients: why gift choices and recipient preferences diverge[J]. Ssrn electronic Journal, 2015.

[240] YE Y, GAWRONSKI B. When possessions become part of the self: ownership and implicit self–object linking[J]. Journal of experimental social psychology, 2016, 64: 72–87.

[241] YEUNG N, SANFEY A G. Independent coding of reward magnitude and valence in the human brain[J]. The journal of neuroscience, 2004, 24（28）: 6258–6264.

[242] YEUNG N, HOLROYD C B, COHEN J D. ERP correlates of feedback and reward processing in the presence and absence of response choice[J]. Cerebral cortex, 2005, 15（5）: 535–544.

[243] YU H, HU J, HU L, et al. The voice of conscience: neural bases of interpersonal guilt and compensation[J]. Social cognitive and affective neuroscience, 2013, 9（8）: 1150–1158.

[244] YU R, ZHOU X. Brain potentials associated with outcome expectation and outcome evaluation[J]. Neuroreport, 2006, 17（15）: 1649–1653.

[245] YU R, ZHOU X. To bet or not to bet? The error negativity or error–related negativity associated with risk–taking choices[J]. Journal of cognitive neuroscience, 2009, 21（4）: 684–696.

[246] YUNHUI HUANG, YIN WU. Ownership effect can be a result of other–derogation: evidence from behavioral and electrophysiological studies[J]. Plos One, 2017（11）.

[247] ZHANG ZHI–XUE, ZHANG YAN, WANG MIN. Harmony, illusory relationship costs, and conflict resolution in Chinese contexts[M].[S.l.]: Cambridge University Press, 2010.

[248] ZUCKERMAN M, PORAC J, LATHIN D, et al. On the importance of self–determination for intrinsically motivated behavior[J]. Personality and social psychology bulletin, 1978, 4（3）: 443–446.

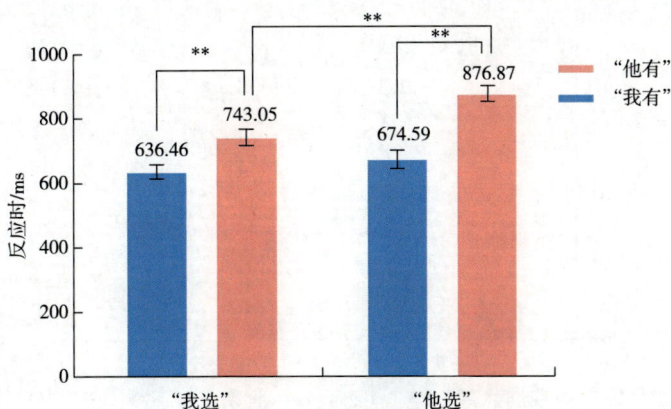

图 4-3　选择权和拥有权对股票结果的影响

注：**$P < 0.01$。

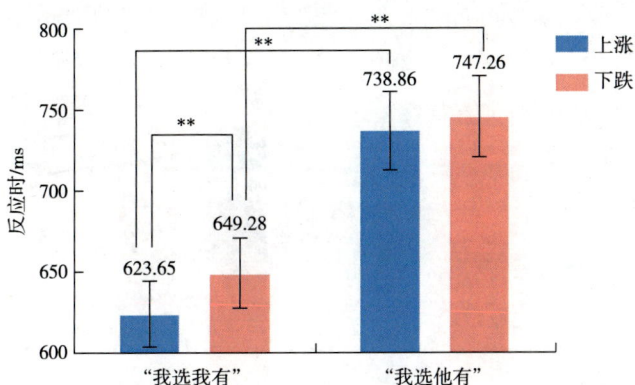

图 4-4　"我选我有"与"我选他有"股票上涨下跌的差异模式

注：**$P < 0.01$。

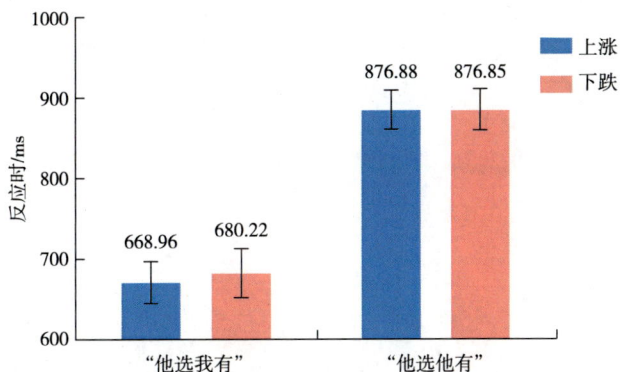

图 4-5　"他选我有"与"他选他有"股票上涨下跌的差异模式

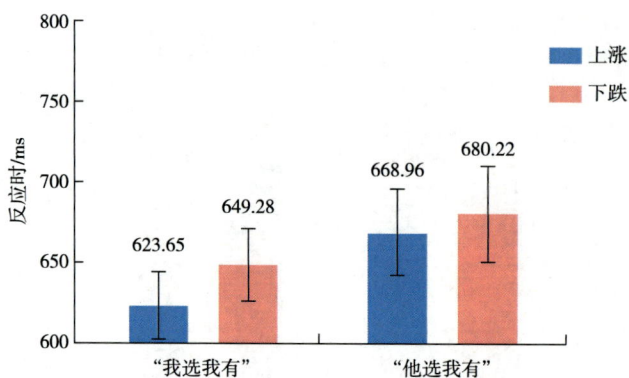

图 4-6 "我选我有"与"他选我有"股票上涨下跌的差异模式

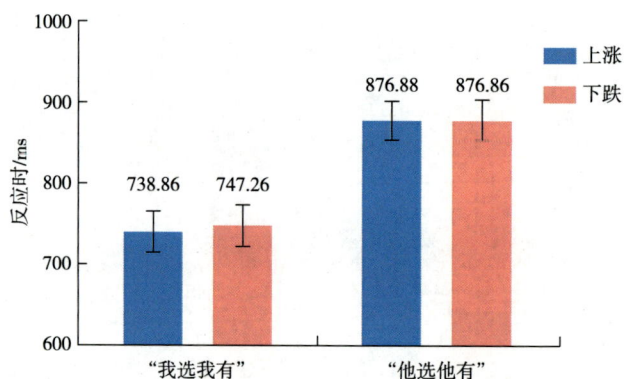

图 4-7 "我选他有"与"他选他有"股票上涨下跌的差异模式

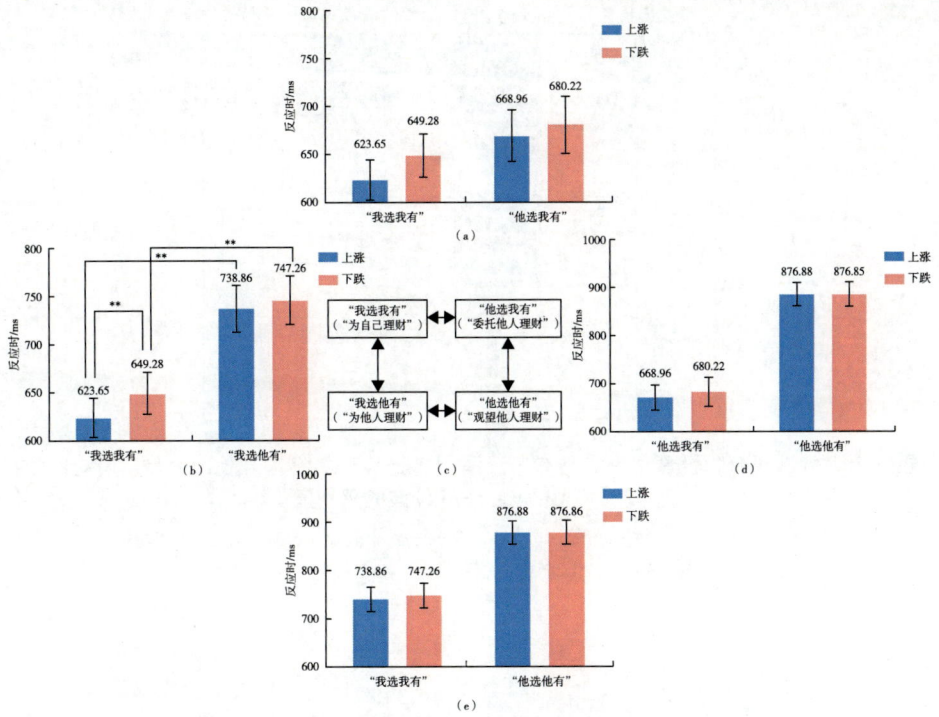

图 4-8　综合比较角色身份的股票涨跌的反应时差异

注：**$P < 0.01$。

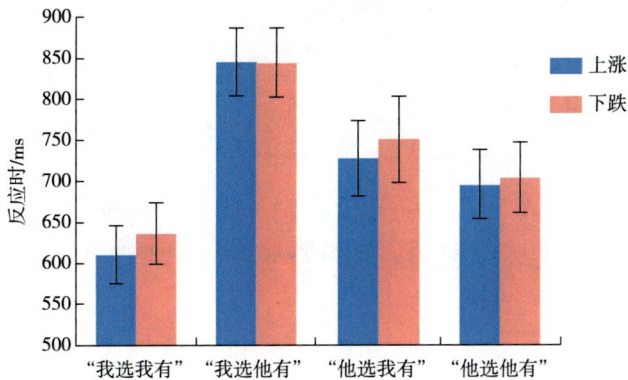

图 5-4　研究二 a 的角色身份判断行为反应时

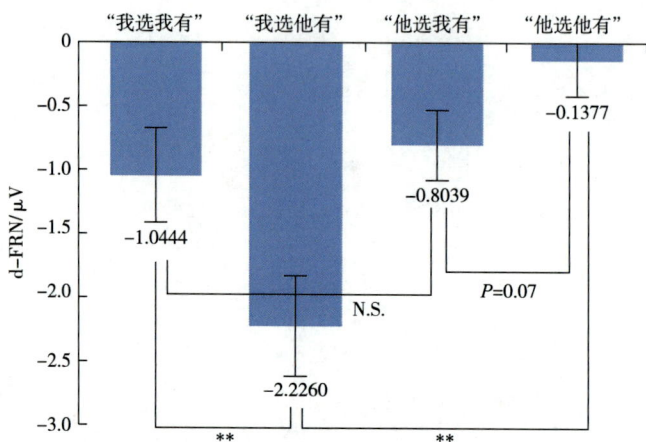

图 5-7 "我选我有"股票、"我选他有"股票、"他选我有"股票、"他选他有"股票诱发的 320 ～ 420 ms d-FRN 波的平均值。

注：**$P < 0.01$，*N.S.* not significant。

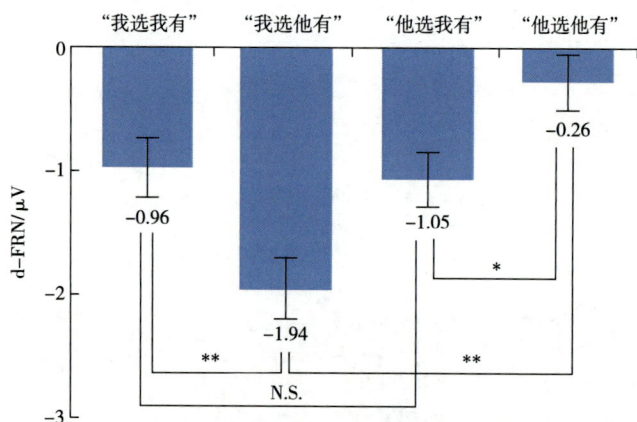

图 5-8 4 种角色身份下的 d-FRN 波平均值

注：*$P < 0.05$，**$P < 0.01$，*N.S.* not significant。

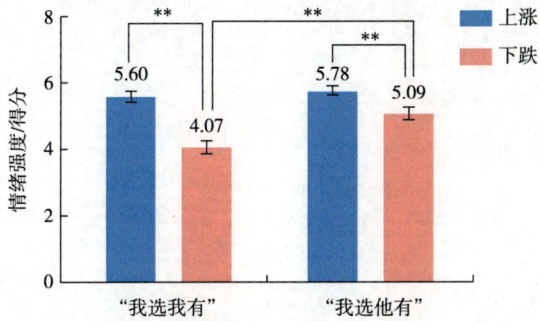

图 7-3　为自己理财股票结果与为他人股票结果涨跌诱发的情绪强度

注：**$p < 0.01$，N.S. not significant。

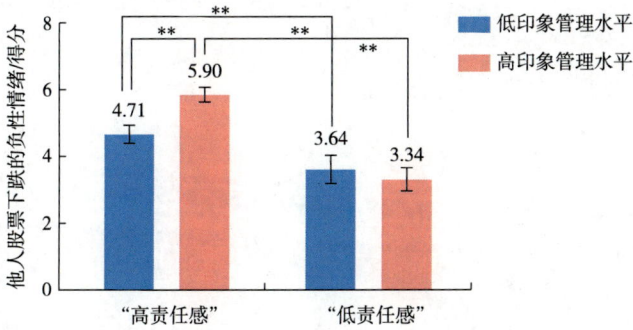

图 8-2　高低责任水平与高低印象管理水平启动对他人结果损失诱发的负性情绪的影响

注：**$P < 0.01$，N.S. not significant。

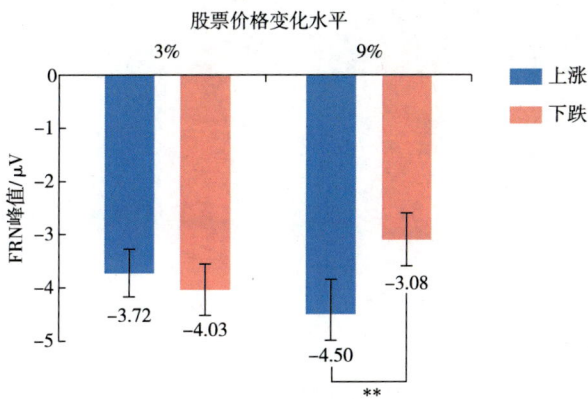

图 9-3　他人股票涨跌大小诱发的 FRN 波的峰值

注：**$P < 0.01$，N.S. not significant。